Padre Carmelo Di Giovanni

Una porta aperta

4 Back Hill, Londra

Prefazione di
Card. Augusto Paolo Lojudice

A cura di Maria Laura Franciosi

ANCORA

In copertina: padre Carmelo apre una cella del carcere di Wandsworth (Londra)

ÀNCORA EDITRICE
Via B. Crespi, 30 - 20159 Milano
Tel. 02.345608.1 - Fax 02.345608.66
editrice@ancoralibri.it
www.ancoralibri.it

N.A. 6117

ISBN 978-88-514-2443-5

Stampa: Àncora Arti Grafiche - Milano

Questo prodotto è composto da materiale che proviene da foreste ben gestite certificate FSC® e da materiali riciclati.

MISTO
Carta
FSC FSC® C108340

Prefazione

Al piano terra del Pontificio Seminario Romano Maggiore, alla fine di un lungo corridoio con varie sale per riunioni, si trova quella che è chiamata la «cappella dei Pallottini», dedicata a san Vincenzo Pallotti, che del Seminario Romano, dal 1827, fu padre spirituale. È un ricordo vivo e costante di san Vincenzo e lo è stato anche nella mia esperienza personale di padre spirituale, nello stesso seminario, per quasi dieci anni.

Ed è proprio alla congregazione dei padri Pallottini che appartiene padre Carmelo Di Giovanni, che in questo libro presenta la sua storia di vita intensa, ricca, quasi, verrebbe la voglia di dire, piena di colpi di scena, di situazioni «avventurose» che non possono lasciare indifferenti. Sì, perché padre Carmelo è una di quelle persone di fronte alle quali, quando ti ci trovi, comprendi subito che non sei di fronte ad una persona «normale». Fin dalla prima volta che lo incontrai mi resi conto di trovarmi davanti una persona molto particolare, un «piccolo» sacerdote dentro il quale c'erano talmente tante esperienze, vicende di vita, storie, drammi... che mi chiedevo «come facesse tutta quella realtà a stare dentro una persona così piccola...» (almeno fisicamente).

Chiunque conosce padre Carmelo si rende conto di essere davanti a un «personaggio particolare». La mia conoscenza di lui è legata solo agli ultimi anni, quando, dopo la lunga esperienza della parrocchia londinese, è tornato a Roma, divenendo parroco della più grande parrocchia di Ostia, Regina Pacis, retta, appunto, dalla sua congregazione.

Alla parrocchia di Regina Pacis, tra l'altro, è legato un ricordo particolare della mia vita sacerdotale ed episcopale: il primo incontro con papa Francesco, nel giorno della sua visita alla parrocchia, il 3 maggio 2015. Da pochi giorni mi aveva nominato suo vescovo ausiliare per il settore sud di Roma e fu proprio lì che mi confermò di avermi voluto vescovo di quel settore per continuare il mio impegno nei confronti dei più piccoli e dei più poveri.

La nomina a parroco di padre Carmelo cominciò a modificare parecchie cose. La parrocchia cominciò ad assumere una particolare apertura e disponibilità verso tutte le esigenze del territorio; le celebrazioni eucaristiche, in particolare quelle domenicali, stavano diventando dei veri e propri momenti di gioia, di festa, di incontro oltre che di preghiera, così come la liturgia prevede. Padre Carmelo non è un parroco come tutti gli altri: da lui traspare una forza, un entusiasmo, una capacità di coinvolgere veramente unici. Ogni volta che ci incontravamo, il suo sorriso e la sua simpatia si esprimevano con un iniziale «*How are you?*» che sottolineava e ricordava la sua lunga esperienza londinese, quella che, come racconta nel libro, lo aveva profondamente marcato.

Mi ha fatto regalo dei suoi libri, dai quali si evince la particolare attenzione che ha sempre avuto per gli ultimi della società. L'attuale libro ripercorre proprio quegli anni, i 50 anni di sacerdozio di padre Carmelo.

Il pontificato di papa Francesco ci ha, in un certo senso, abituato a rimettere al centro temi ed esperienze legate alla marginalità, alle periferie: è molto semplice, direi immediato trovare elementi di convergenza tra il magistero dei segni di papa Francesco, la sua *Evangelii gaudium* e il ministero sacerdotale di padre Carmelo. Colpisce come, fin dalle prime pagine del testo, l'autore si lasci andare anche a delle «piccole» confessioni, come quella della sua paura nei confronti della malattia che si è ritrovato ad affrontare in alcuni momenti della vita o addirittura la confessione del dubbio, il dubbio della fede, soprattutto di fronte alla morte quando dice: «Emergono tutti i nostri dubbi, la nostra fragilità e ci chiediamo:

"Ma davvero ci sarà la vita dopo la morte? Potrò ancora vedere e abbracciare le persone che ho amato?"». È interessante notare come fin dall'inizio del primo capitolo padre Carmelo, ricordando la sua giovinezza, dichiari con serenità di essere stato attratto, come tanti giovani di quel momento storico, da un partito politico che, come lui scrive, «a mio parere dava un senso alla nostra vita spingendoci verso la giustizia e l'uguaglianza». Non fa fatica a definirsi un rivoluzionario, mosso dal desiderio solo e unico di aiutare chiunque avesse bisogno.

A settembre del 1971 viene inviato a Londra dove resterà fino al settembre del 2014. Dall'arrivo a Londra e dei racconti di tutti quegli anni sono piene le pagine del presente lavoro: l'arrivo a Londra alla parrocchia di *St. Peter*, l'incontro con la comunità italiana, l'avvio della pastorale, già di per sé molto intensa.

E poi il racconto dell'esperienza probabilmente più forte: il carcere. Per quarant'anni ha lavorato come cappellano nelle carceri inglesi. Negli anni '80 si è dedicato a tanti giovani coinvolti nelle Brigate Rosse, Prima Linea e in movimenti di estrema destra come N.A.R. e Ordine Nuovo negli anni di «piombo». Ha visitato prigioni in Italia, Spagna, Bolivia, Corea del Sud, Macao, Hong Kong, Nepal, India, Argentina, Thailandia. Proprio in carcere, dice padre Carmelo: «Ho scoperto una realtà incredibile e ho cominciato a vivere uno spaccato di vita popolato da giovani italiani che stavano creando molti problemi con il loro abuso di stupefacenti». Le confessioni, la preghiera, l'intenso ritmo delle giornate in ascolto anche di membri di altre religioni... Questo e tutto il resto cambiano la vita di padre Carmelo, che ancora una volta non si vergogna di riconoscere la sua fragilità raccontando di aver pianto tante volte e di aver capito che forse l'unica cosa utile e significativa che puoi fare in quegli ambienti è «ascoltare», e solo questo.

Padre Carmelo ha avuto incontri particolari, primo tra tutti quello con Madre Teresa, e poi con i presidenti della Repubblica italiana, con i detenuti irlandesi dell'IRA...

Altro tratto importante e significativo di queste confessioni di padre Carmelo è il coraggio di cambiare idea. Lo riferisce a proposito del giudizio che aveva nei confronti di papa Paolo VI, un giudizio negativo che nel tempo ha avuto modo di modificare comprendendo la grandezza di questo Papa santo.

Un grande turbamento, negli anni londinesi, lo ha subito da un giovane malato di mente che aveva cominciato a perseguitarlo di giorno e di notte, minacciandolo di morte. Fu uno dei motivi che lo indusse a lasciare Londra e a tornare in Italia. Seppe poi che quel giovane era morto di overdose.

Un altro degli elementi che colpisce di padre Carmelo è il fatto di aver toccato tutte le parti del mondo: la Thailandia, il Sudafrica, l'Argentina, il Vietnam, l'Uruguay, la Cambogia, Gerusalemme, gli Stati Uniti e New York... Tutto questo fa di lui un prete veramente internazionale.

Anche ora che vive a Roma e non è più parroco non poteva mancare un'ulteriore esperienza carceraria: quella di Regina Coeli. Sono convinto che padre Carmelo continuerà incessantemente ad annunciare il Vangelo a chiunque lo incontra, in modo particolare con la sua gioia di vivere, con il suo entusiasmo e con la sua capacità di trasmettere la «Parola di Verità» anche alle persone ai margini, nelle esperienze più critiche, nei momenti più difficili e dolorosi della vita.

Card. Augusto Paolo Lojudice
Arcivescovo di Siena

Dedico questo libro a mia mamma Rosaria
e a mio papà Domenico.

Introduzione

Gratitudine

Ringrazio di vero cuore il Card. don Paolo Lojudice per la sua splendida prefazione.

Il filo conduttore di questo libro non è esaltare l'attività della Chiesa Italiana di Londra o di padre Carmelo e dei preti che vi lavorano o vi hanno lavorato ma mettere in luce la fedeltà del Signore che continua ad aiutarmi nonostante le mie infedeltà e la mia voglia di smettere e mollare tutto, con la delusione di raccogliere scarsi frutti e nella convinzione che questo mio lavoro sia stato tutto un fallimento insensato, sentendomi soltanto preso in giro da chi ha voluto approfittare della mia accondiscendenza.

Davanti a questi aspetti negativi, io percepivo però tutta una serie di episodi anche piccoli e, per molti, insignificanti, attraverso le confessioni, e avevo la gioia di vedere genitori e figli riuniti dopo tante incomprensioni e scontri.

Io stesso penso che quella «porta aperta» che ho voluto includere nel titolo di questo mio piccolo libro di ricordi sia stata il simbolo di una parrocchia pronta ad accogliere i segni dei tempi, di un cuore aperto come il cuore di Cristo che è stato trafitto e aperto perché noi tutti potessimo trovarvi rifugio, conforto, speranza, gioia e consolazione, luce e senso del dolore, della vita e della morte e una risposta ai nostri tanti perché.

C'è da chiedersi: perché è toccato a me? Cosa ho fatto per meritare di toccare con mano tanto male nella vita? La risposta ci viene da questo «cuore» di Gesù squarciato, dolce e tenero, e mai blindato.

Papa Francesco

Volgendomi indietro a esaminare i miei cinquant'anni di sacerdozio vedo la figura di papa Francesco che ci parla di una Chiesa di periferia, aperta, che accoglie gente di ogni Paese e di ogni cultura e non di una Chiesa di sacrestia e di precisi orari parrocchiali a cui attenersi. Il cattivo spirito preferisce una Chiesa tranquilla, senza rischi, una Chiesa degli affari, comoda, tiepida, mentre bisogna passare da una religiosità che guarda troppo ai guadagni ad una basata sulla fede e sulla proclamazione che Gesù è il Signore anche in situazioni difficili e ostili.

Papa Francesco ci parla anche del Buon Samaritano che vede il viandante derubato, percosso e abbandonato in strada dai ladroni, si ferma e prova compassione per questo uomo che rappresenta l'umanità ferita dal peccato, e lo porta alla locanda (quella «locanda» per me è sempre stata il n. 4 di Back Hill, la nostra parrocchia a Londra!).

Papa Francesco ci parla anche di Gesù che cammina per le strade del nostro mondo per salvare ciò che è perduto, che ci incoraggia a parlare con qualcuno per strada che ti racconta la storia della sua vita e a cercare di capire perché si sia ridotto in quello stato, come fosse un rifiuto da gettare nella spazzatura, che ci invita a rialzare chi è caduto, che ci chiede di sostenere chi vacilla e di far ritrovare la strada a chi l'ha perduta o non la vuole trovare, che ci chiede di risuscitare i morti e farli uscire dalla tomba, che ci invita a ridare una dignità a chi l'ha persa per colpa sua o per colpa di altri.

È bello meditare sulle parole di papa Francesco a questo proposito. Cristo, attraverso la Chiesa, può dare una risposta alle sofferenze dell'uomo di oggi: i suoi dubbi, le sue negazioni, i suoi sbandamenti, le sue tensioni, le sue inquietudini, i suoi complessi. Anche papa Benedetto XVI ci ricorda che la Bibbia è come una bussola che indica la strada da seguire.

Bisogna uscire, vedere, chiamare, e non chiudersi nella fortezza sicura della canonica, della sacrestia e del gruppo ristretto di fedelissimi. Lo sguardo di Gesù non è quello di un sociologo o di un fotoreporter, perché Egli guarda sempre con gli occhi del cuore. Una Chiesa che cammina per cercare, visitare, incontrare, ascoltare, condividere e sostare, andare incontro alla vita delle persone con il suo disordine e i suoi conflitti, senza paura, affrontando i rischi e cogliendo le opportunità.

L'amore è la carta d'identità di un cristiano, unico documento valido. Non abbiamo un'agenda da difendere, non siamo burocrati o anonimi funzionari dell'istituzione, non impiegati, non siamo capi di una ditta, le vite delle persone non sono cifre. Tommaso ha trovato la fede proprio quando ha toccato le piaghe del Signore. Anche noi dobbiamo avvicinarci e toccare quelle piaghe. E anche abbassare la testa e lasciare che gli altri accarezzino le nostre piaghe. Non solo dobbiamo tenere aperte le nostre porte ma uscire in cerca di chi da quella porta non vuole entrare.

Una Chiesa che non è confinata nei grandi palazzi, più comunità che struttura, più madre che giudice, più inclusiva che esclusiva, che vive e parla con la gente comune.

Il magistero non è solo insegnamento, è pastore universale. Gesù ci vuole liberi e leggeri, senza appoggi e senza favori, forti della sua parola.

Il bastone e i sandali sono la dotazione dei pellegrini, non manager onnipotenti, non imprenditori, non funzionari inamovibili, non divi in tournée: il messaggio può anche essere non accolto e non ascoltato, e passare per l'esperienza del fallimento.

Diceva san Bonifacio che «la Chiesa è come una grande nave che solca il mare del mondo sbattuta com'è dai diversi flutti di avversità e non si deve abbandonare ma guidare».

San Giovanni Crisostomo diceva «che molti marosi e minacciose tempeste ci sovrastano ma non abbiamo paura di essere sommersi, perché siamo fondati sulla roccia. Infuri pure il mare ma non potrà sgretolare la roccia, si innalzino pure le onde ma non potranno affondare la navicella di Gesù».

Sant'Ambrogio ci offre una bellissima immagine della Chiesa: «Guida la nave sui flutti. Tieni saldo il timone della fede in modo che le violente tempeste di questo mondo non possano turbare il suo corso. Il mare è davvero grande, sconfinato; ma non avere paura perché è Lui che l'ha fondata sui mari e sui fiumi l'ha stabilita» (Sal 23,2).

Fra le tante correnti del mondo, la Chiesa resta immobile, costruita sulla pietra apostolica, e rimane sul suo fondamento incrollabile contro l'infuriare del mare in tempesta. È battuta dalle onde ma non è scossa e, sebbene di frequente le menti di questo mondo infrangendosi echeggino con grande fragore, essa ha tuttavia un porto sicurissimo di salvezza dove accogliere chi è affaticato.

Ancora papa Francesco: «Gesù si addormenta nella tempesta sul lago. Agli uomini sembra di essere abbandonati, quando si alzano il vento e le onde dei tradimenti. Mentre l'uomo teme e si dispera, Dio sembra dormire. La barca diventa il simbolo della vita dell'uomo e della comunità, che nonostante i problemi resiste ed avanza. Dio non ci toglie dalle tempeste ma ci sostiene dentro le tempeste. Dio non salva dalla Croce, ma nella Croce».

Il Vangelo non ha bisogno di grandi ditte, di grandi imprese per essere annunciato, altrimenti la Chiesa lentamente diviene una bella organizzazione, potente ma non evangelica, perché manca lo spirito di povertà, la forza di guarire. La Chiesa non si piega alle fantasie degli uomini, non serve una Chiesa ridotta a un museo o per conservare una cassetta di ceneri, né è una struttura perfetta, senza gioia, festa, pace. I valori e le tradizioni cristiane non sono pezzi rari da chiudere nei musei.

Il pastore che esce dall'ovile ne aveva 99 di pecore, un buon bilancio, ma ne mancava una.

L'equilibrio della Chiesa assomiglia all'equilibrio della bicicletta: va bene quando è in moto, se tu la lasci ferma, cade. La Chiesa è in cammino, in movimento, in missione. È in cammino verso il Cielo non astratto e lontano. Noi camminiamo verso un incontro: l'incontro definitivo con Gesù. La Chiesa è dunque la bicicletta ma anche la barca tra le acque perigliose e anche cattedrale non solo di mattoni ma soprattutto di persone.

È bello meditare qui sulle parole di papa Francesco: il buon Samaritano non guardò l'orologio, non pensò al sangue, si sporcò le mani e le vesti. Non era un funzionario, era un uomo con il cuore aperto. I cristiani funzionari sanno tanto di Dio ma non incontrano Dio. Ognuno di noi è l'uomo lì, ferito, e il Samaritano è Gesù che ha guarito le ferite, si è avvicinato, si è preso cura di lui, ha pagato per lui e ha detto alla sua Chiesa: «Se c'è bisogno di pagare di più, io ritornerò e pagherò». Il Samaritano non si limita ad una pacca sulle spalle, a un sorriso di circostanza. Si fa carico delle angosce, degli interrogativi, delle ansie. Non abbandona la sofferenza fino a quando la ferita non si è rimarginata del tutto. Il debitore sa di essere stato amato senza alcun merito. E allora scompaiono i moralismi, il giudizio, l'abitino pulito e il ditino puntato. Chi si sente debitore ama con una consapevolezza nuova perché sa che Dio, con lui, non è stato giusto ma misericordioso. Ci si aspetta dei cristiani che sappiano parlare un linguaggio nuovo e si rallegrino per il ritorno di chi si era perduto e non degli aguzzini che aspettano al varco gli errori dei loro fratelli.

È bello anche ricordare due grandi samaritane del nostro secolo: suor Elvira con le comunità *Il Cenacolo* e Chiara Amirante della Comunità *Nuovi Orizzonti*. Voglio ricordare alcune frasi di Chiara: «Quando ho iniziato a percorrere i "deserti" della nostra splendida Roma, e ad entrare in punta di piedi nelle dolorosissime storie del "popolo della notte", non immaginavo davvero di incontrare un popolo così sterminato di disperati, di persone sole, di emarginati, di mendicanti di amore, sfregiati nell'anima, sfigurati dall'indifferenza, dall'abbandono, dalla violenza. Quante splendide persone deturpate dal male, quanti giovani assetati di luce, ridotti dalle seduzioni del mondo e dalle terribili sferzate della vita a creature dallo sguardo di ghiaccio e dal cuore di pietra. Quanti ragazzi nel pieno della loro giovinezza attanagliati da una nausea sottile, da un vuoto esistenziale agghiacciante, da un'angoscia mortale! Quanti fratelli disperati con le lacrime agli occhi mi hanno abbracciato chiedendomi: "Ti prego, Chiara, portami via da questo inferno"».

Il pensiero rigido non è divino perché Gesù ha assunto la nostra carne che non è rigida se non al momento della morte. La vita è una continua tempesta, ne facciamo tutti esperienza. Ma Dio che fa? Dorme? Perché permette tutto questo? Perché non interviene? Anche la fede si sente sballottata dalle onde: tentazioni, crisi. Dio non è un'assicurazione contro i danni o gli incidenti di percorso, non ci assicura contro i rischi del viaggio, bisogna entrare in noi stessi perché Lui ci parla lì.

Immersa nel vortice di un'attività frenetica, l'umanità corre spesso il pericolo di smarrire il senso dell'esistenza. C'è il rischio di chiuderci dentro un ovile dove c'è puzza di chiuso. Bisogna uscire e non chiudersi in sé stessi, nelle piccole comunità, nelle parrocchie.

Osserviamo che il grembiule è l'unico paramento sacerdotale indicato dal Vangelo: la nostra non è una religione dello spettacolo, come i fuochi d'artificio che non illuminano la casa, sono uno spettacolo, un momento e poi la luce se ne va. Non è un'apparenza, come in una vetrina. Gesù si inginocchia, si cinge i fianchi con un asciugatoio e lava i piedi: Lui prima fa e poi spiega. È più facile indossare la stola che il grembiule.

Scriveva san Giovanni da Capestrano: «Coloro che fanno parte del clero e danno cattivo esempio per i loro pessimi costumi, per i vizi e i peccati sono degni di disprezzo e di essere considerati come fango spregevole. Non sono più utili né a sé né agli altri».

San Gregorio: «Se di qualcuno si disprezza la vita, ne segue che non se ne accetta neppure la predicazione».

Benedizione nelle malattie

Qui vorrei parlare anche della malattia, delle mie malattie. Perché la malattia prima o poi arriva nella vita dell'uomo.

Quando stai bene, tutto procede bene. Poi quando cominci ad avere problemi per un incidente o per una malattia seria, un tumore o altro, crolla l'idea della salute senza fine e vedi la realtà della vita che tocca tutti gli uomini e le donne del mondo.

Io mi sono trovato davanti alla malattia varie volte, e per me l'esperienza è stata scioccante. Ho una paura tremenda della sofferenza fisica. Grazie a Dio sono stato sempre molto bene. La mia prima operazione chirurgica per appendicite l'ho subita a 14 anni. Nel 2003 mi sono fratturato un braccio a Fatima. Nel 2017 sono inciampato in chiesa a Ostia e mi sono fratturato un ginocchio. Tutte cose così, di poco conto. Ma quando è arrivata la malattia vera e propria, io non ero preparato. Sono stato preso alla sprovvista. Così mi sono trovato totalmente spiazzato, sconfitto, giù di morale. E piangevo. Ricordo che a letto la gente mi vedeva piangere.

Nel 2005 fui operato al San Raffaele di Milano per un tumore alla prostata.

Nel 2006 ho subito una ablazione al cuore a Milano. Altra ablazione a Londra presso lo *Heart Hospital*. Non ero preparato per questo tipo di esperienza.

Nel 2013 ho avuto un arresto cardiaco con edema polmonare in Sardegna mentre ero in spiaggia. Me ne stavo andando. Sono stato salvato per miracolo da Antonello e Nicola, padre e figlio, che avevano uno stabilimento lì vicino. Un signore mi ha visto barcollare ed è riuscito a sorreggermi e a chiamare queste due persone che mi hanno fatto un massaggio cardiaco in attesa dell'arrivo dell'ambulanza. Più tardi è arrivato mio cugino Vinicio che non mi trovava più e gli hanno detto: «Un signore bassino e rotondetto è appena partito nell'ambulanza» e lui ha seguito l'ambulanza fino all'Ospedale di Lanusei e lì ha potuto spiegare chi fosse questo «sconosciuto signore». Sono rimasto parecchio in ospedale ma sono riusciti a salvarmi. Ho rischiato varie volte di andarmene all'altro mondo. Ho schivato la morte per un pelo. Io ero cosciente di questo. E avevo paura.

Allora mi sono accorto che non ero per nulla pronto né a morire né ad accettare la malattia. Sia fatta la volontà di Dio! Ma io non ero pronto a questo e mi chiedevo: «Perché a me?».

E allora ti senti sconfitto e vedi che non puoi più gestire la situazione. L'unica cosa è lasciarsi andare, avere fiducia e pregare.

Ricordo che in ospedale ero in un letto dove non mi potevo muovere, neanche alzarmi per andare al bagno a causa del catetere, e se avevo bisogno dovevo suonare il campanello per chiamare la «nurse» che a volte non veniva subito e tu stavi lì, imprecando. E avrei avuto così tanto bisogno di qualcuno che mi tenesse la mano, per incoraggiarmi e darmi il calore di una presenza. Questa per me è stata l'esperienza più scioccante. Mi rendevo conto che ci sono gli orari da rispettare, se qualcuno avesse voluto venire a trovarmi. Allora mi sono accorto di non valere nulla, con tutto il potere, la potenza che uno crede di avere.

Ero soggetto a una depressione fisica grave, e spesso mi sono sorpreso a pensare: «È meglio morire!». Anche io, con le esperienze difficili che ho vissuto, credo di aver rasentato dei momenti di disperazione, con la sensazione di non farcela più. E questa è la cosa più grave.

Certo era bello stare con altri ammalati e condividere le loro sofferenze. Questa è la cosa che mi ha sempre preoccupato: la sensazione di non poter fare nulla. Ero in totale dipendenza dagli altri. E quindi quando la sofferenza ti prende ci sono due strade da seguire, come quando ti mandano in carcere: o diventi più buono e più umile, oppure diventi più cattivo e vuoi far pagare agli altri le pene che stai soffrendo.

Ho visto tanta gente impazzire davanti al dolore e alla sofferenza. Arriva il momento in cui non sopporti più la sofferenza fisica e non ce la fai più. Hai voglia a dire: «Dio t'aiuta!». Queste sono belle parole, «Dio t'aiuta», ma nel letto di sofferenza ci sei tu, che non sai quanto durerà questa malattia, che risvolti potrà avere, che cosa ti dicono i medici o non ti dicono, vedi la gente che bisbiglia accanto a te e tu ti chiedi che cosa stanno dicendo. Allora nasce il sospetto che la situazione sia grave, io tante cose le ho vissute sulla mia pelle!

Non avrei mai immaginato che sarebbe successo a me! Era comunque bello per me stare con altri ammalati e condividere le loro pene e la paura della morte. E ho anche visto com'era facile dimenticare tutto quando stavo meglio e mi ero rimesso in forze.

Forse fa parte della natura umana dimenticare così facilmente e in breve tempo...

Le parole di papa Francesco ci possono aiutare e illuminare.

La nostra cultura vuole l'uomo forte, vincitore, bello, sempre giovane e possibilmente vincente anche sulla stessa morte. Proprio la condizione della malattia fa emergere con grande forza la domanda sul senso della vita. Per il malato è terribile indossare il pigiama e ritrovarsi come nudo e perdere la propria dignità e intimità, svestirsi della propria autonomia e delle proprie abitudini, dipendere da chi ora dispone di lui e sentirsi un «diverso» perché ricoverato, un numero e una cartella clinica. Il malato è consapevole dei propri limiti fisici, caratteriali, spirituali, dell'incapacità di bastare a sé stesso, del bisogno costante dell'altro: si vive l'interruzione di alcune relazioni, la solitudine, la perdita di alcune libertà e opportunità. Ma il cristiano è come una canna che, quando vengono vento e tempesta, si piega ma non si rompe: le canne si abbassano con questo vento feroce, ma poi ritorneranno su quando la tempesta è passata.

La morte lascia in piedi solo ciò che veramente vale e dura. I cimiteri sono pieni di persone che si ritenevano indispensabili e insostituibili. Negli abiti dei defunti, inutili sono le tasche. Sotto la lastra di marmo sono sepolti tutti gli affanni e i rancori, le stupide invidie e i soprassalti di orgoglio, le vanità senza confine. Ognuno di noi avrà la sua fine, passeranno gli anni e quasi nessuno ci ricorderà.

Vivere nell'attesa è sapere di trovare la vita, guardare la porta e camminare per raggiungerla. L'inganno è che io sono distratto, non penso, e vivo come se mai dovessi morire. Come sarà la mia fine? Come sarò quando mi presenterò davanti al Signore? Cosa lasciamo? Se Dio ci ha dato la vita è per sempre, non c'è in Dio la parola fine, non si può vivere nel frigo perché tutto rimanga così.

Quando la morte ci tocca da vicino, ci schiaccia e ci lascia senza fiato, si rimane come paralizzati e ammutoliti. La nostra fede alle volte viene messa alla prova. Emergono tutti i nostri dubbi, la nostra fragilità e ci chiediamo: «Ma davvero ci sarà la vita dopo la morte? Potrò ancora vedere e abbracciare le persone che ho amato?». La morte non ha l'ultima parola. Il Signore ha vinto la morte, è Lui che alla fine della nostra vita ci porta per mano, come un papà.

Morire sarà come traslocare, tornare a casa, entrare in patria, salpare verso l'infinito (Fil 3,20). Gesù si avvicina e tocca la bara di un giovane, ferma il corteo funebre e affronta la morte, entra nel cuore di questa madre, è la porta dell'incontro tra il dolore dell'umanità e la compassione di Dio.

Ognuno giunge a questa porta con la propria vita, gioie e sofferenze, progetti e fallimenti, dubbi e timori. «Alzati, mettiti in piedi come ti ha creato Dio». Il morto si mise seduto e lo restituì alla madre. La madre ritrova il figlio. Perché piangi? Gli archivi di Dio, la sua memoria non sono pieni dei peccati dell'uomo ma delle sue lacrime.

Salmo 145: «Esala lo spirito e ritorna alla terra». In quel giorno spariscono tutti i tuoi disegni.

Salmo 48: «Se vedi un uomo arricchirsi, non temere se aumenta la gloria della sua casa. Quando muore non porta con sé nulla, né scende con lui la sua gloria».

Salmo 38: «Solo un soffio è l'uomo che vive, come ombra è l'uomo che passa; solo un soffio che si agita, accumula ricchezze e non sa chi le raccolga».

Anche il più ricco, quando muore, si riduce ad una miseria e nessuno porta dietro al suo corteo funebre il camion del trasloco.

Io non sono stato mai un uomo di grande preghiera ma preferivo l'azione. Alle volte mi sembrava che la preghiera fosse una perdita di tempo.

Quanto è triste e pericolosa la famosa frase: «Aiutati che Dio t'aiuta». Questo significa che tu vieni prima e poi viene Dio.

Forse i momenti più intensi di preghiera li ho avuti durante la malattia, quando non capisci nulla della tua vita. Forse era dovuto anche alla paura e all'incertezza, quasi mi faceva comodo rivolgermi a Dio nei momenti del bisogno.

Quante volte ho sentito persone dire: «Io mi rivolgo a Dio solo quando ho bisogno e non credo che questo sia giusto». Ci sentiamo quasi in colpa a ricorrere a Dio nel bisogno, ma credo che Dio sia molto felice quando lo facciamo: questa è la nostra fragilità.

Sono rimasto edificato dall'esempio delle suore di Madre Teresa e di tanti giovani che passavano molto tempo in silenzio davanti al Santissimo. Io ho trovato e trovo ancora molto difficile stare in silenzio davanti al tabernacolo per molto tempo. Quasi mi sento in imbarazzo, il tempo non passa mai e non so alle volte cosa dire. Preferisco la preghiera del cuore davanti al Crocifisso. Nei Vangeli mi colpiscono sempre il grido e la richiesta insistente di varie persone per chiedere a Gesù la guarigione o altri miracoli.

Devo ancora capire se ho bisogno di gridare con insistenza o semplicemente soltanto muovere le labbra, come Anna, madre di Samuele: «Si muovevano soltanto le labbra ma la voce non si udiva».

Ho un grande amore per la Vergine Maria, la umile donna di Nazareth, la più umile di tutta la terra. E a lei mi affido spesso come a una madre nei momenti più angosciosi.

Nei Salmi trovo molto conforto e consolazione.

Quante volte mi sono chiesto e ho sentito altri dire: «Ma perché Dio non fa giustizia? Perché non sistema le cose? Perché non fa piazza pulita del male nel mondo? Perché sembra che lasci fare, che stia a guardare e non muove un dito per estirpare il male?».

Sembra che i prepotenti e la gente senza scrupoli vadano sempre avanti e che tutto gli vada bene, che il male trionfi, e invece chi fa il bene è punito e tutto gli va spesso male ed è considerato un incapace. Perché Dio permette la zizzania?

Quante volte i nostri occhi sono stanchi, tristi, chiusi, smarriti, freddi, e incapaci di incontrare gli occhi degli altri!

Mi colpirono le parole pronunciate da papa Benedetto il 28 maggio 2006 nel campo di sterminio di Auschwitz: «Dov'era Dio in quei giorni? Perché Egli ha taciuto? Come poté tollerare questo eccesso di distruzione, questo trionfo del male?».

Credo che la risposta la troviamo solo nella Sacra Scrittura, che noi siamo liberi e non siamo dei burattini o delle marionette nelle mani di Dio.

Il Libro della Sapienza ci risponde: «Hai compassione di tutti, Signore, e nulla disprezzi di quanto hai creato; non guardi ai peccati degli uomini, in vista del pentimento. Tu concedi dopo i peccati la possibilità di pentirsi».

Anche san Pietro ci ricorda che «il Signore non vuole che alcuno perisca, ma che tutti abbiano modo di pentirsi».

Ecco perché, ha ricordato il Papa, «il grido di Gesù sulla Croce "Tutto è compiuto" è il più grande momento della storia dell'universo creato».

Il significato della Croce

Nella vita di ogni persona prima o poi appare la Croce.

Alle volte per me questa Croce è stata incomprensibile, inaccettabile, assurda, ingiusta. Ma ho sperimentato che più cercavo di sfuggirla, sputandoci sopra, più la mia vita diventava sempre pesante e triste.

Lentamente il Signore mi ha illuminato e fatto capire che proprio lì era la fonte della luce e della gioia.

Non è una rassegnazione passiva perché ti senti impotente e quindi la subisci, controvoglia e mormorando e imprecando, ma perché mi sono reso conto, accettandola, che ti libera e ti dà la pace e la gioia.

Mi piace ogni tanto prendere il Crocifisso tra le mani e fissarlo, contemplarlo e parlare con Gesù appeso a quella Croce infame, che non è un cadavere putrefatto e muto ma vivo e pieno di luce e di splendore, ancora capace di rispondere e parlare al mio cuore come ha parlato a Francesco d'Assisi. Da quelle ferite scaturisce la luce che penetra il cuore, la mente e tutta la persona e imprime il sigillo del Suo Spirito Santo. Spesso il Crocifisso fatto di pietre preziose, marmo o legno pregiato, avorio ecc. è quasi come un ornamento o un soprammobile che fa bella figura e sta bene sulla parete ma è freddo e distante da noi.

Mi piace riportare le meditazioni di papa Francesco: «Guarda Cristo Crocifisso, guardalo, guarda le piaghe, entra nelle piaghe. Per quelle piaghe siamo stati guariti. Ti senti avvelenato, ti senti triste, senti che la tua vita non va? È piena di difficoltà e anche di malattie? Guarda lì. Insegnate ai vostri bambini a guardare il Crocifisso, è la gloria di Cristo, ma noi nei momenti brutti, difficili, avvelenati un po' per aver espresso nel nostro cuore qualche delusione contro Dio, guardiamo le Sue piaghe specialmente quando ci stanchiamo del viaggio della vita».

È bello meditare le parole di sant'Efrem: «Il nostro Signore fu schiacciato dalla morte, ma a sua volta Egli la calpestò come una strada battuta. La morte lo ha ucciso nel corpo che Egli aveva assunto. Ma con le stesse armi Egli trionfò sulla morte. La divinità si nascose sotto l'umanità e si avvicinò alla morte, la quale uccise e a sua volta fu uccisa. La morte uccise la vita naturale ma venne uccisa dalla vita soprannaturale. Avvenne allora che la morte si avvicinasse a lui per divorarlo con la sua abituale sicurezza. Non si accorse però che nel frutto mortale che mangiava era nascosta la vita. La morte lo inghiottì senza nessun timore ed egli liberò la vita e con essa la moltitudine degli uomini. Dalla Croce hai fatto un ponte sulla morte. Attraverso questo ponte le anime si possono trasferire dalla regione della morte a quella della vita. Coloro che ti hanno ucciso hanno agito verso la tua vita come gli agricoltori. La seminarono come frumento nel solco profondo ma di lì rifiorì e fece risorgere con sé tutti».

Si è abbassato fino a noi, ha abitato la nostra miseria umana, ha provato la nostra condizione più intima: ingiustizia, tradimento, abbandono, morte, sepoltura, inferi.

Si è fatto strada con l'amore umile che tutto scusa, spera, sopporta. Vince la morte, il peccato, la paura.

È bello l'inno della Croce gloriosa: «La Croce gloriosa del Signore Risorto è l'albero della mia salvezza; di esso mi nutro, di esso mi diletto, nelle sue radici cresco, nei suoi rami mi distendo. Nel timore la difesa, nell'inciampo il sostegno. Albero di vita eterna, pilastro dell'universo, ossatura della terra, la tua cima tocca il cielo, e nelle tue braccia aperte brilla l'amore di Dio».

È di grande speranza meditare l'inno a Cristo Risorto dalla liturgia di Pasqua: «Ecco il gran giorno di Dio, splendente di santa luce: nasce nel sangue di Cristo l'aurora di un mondo nuovo. Gli angeli guardano attoniti il supplizio della Croce da cui l'innocente e il reo salgono uniti al trionfo. Sfolgora il sole di Pasqua, risuona il Cielo di canti, esulta di gioia la terra. Dagli abissi della morte Cristo ascende vittorioso insieme agli antichi Padri. Accanto al sepolcro vuoto invano veglia il custode».

1

La chiamata, l'ordinazione e il soggiorno ad Ostia

Da piccolo ero un bambino un po' discolo, spedito in collegio a Rocca Priora all'età di 11-12 anni.

Ho così iniziato un percorso che si è concluso con il seminario e infine con la mia ordinazione sacerdotale il 20 dicembre 1970. Sono stati anni belli ma anche burrascosi. Al collegio si andava per studiare, poi se uno voleva, continuava con il seminario.

Lo ricordo come un periodo molto bello.

Frequentavo il liceo a Frascati: ci andavo da Grottaferrata, dove vivevo.

Ricordo che quando ho sostenuto gli esami di Stato del quinto ginnasio al Liceo Augusto di Roma sono stato bocciato.

Finiti i corsi di teologia all'Università del Laterano mi sono iscritto all'Università statale di Sociologia a Roma con il professor Franco Ferrarotti ma poi ho dovuto interrompere gli studi perché sono partito per Londra.

Gli anni del seminario non li ho vissuti come una imposizione.

Nel mio paese eravamo in parecchi ad andare a studiare fuori, uno incoraggiava l'altro. Ma pochi sono poi diventati preti.

Ricordo che in quegli anni spesso preti, seminaristi e amici venivano a trovarmi al mio paese di mare, Sangineto, per vacanza. Porto un peso ancora molto grande: la vergogna che provavo per il lavoro umile di mio padre che lavorava al Comune con varie mansioni: netturbino, cantoniere, custode del cimitero, fontaniere. Ricordo con imbarazzo e vergogna che cambiavo strada quando ero in compagnia degli amici per evitare di incontrare mio padre che puliva la strada.

Ora mi rendo conto di quanto sono stato stolto perché a distanza di anni ho capito che avere dei genitori così è stata una grande benedizione e mi sento ora orgoglioso di quello che mi hanno insegnato.

Al termine dei miei studi i miei superiori mi hanno detto di essersi pentiti «amaramente» di aver approvato la mia ordinazione. E subito dopo mi hanno mandato ad Ostia alla parrocchia «Regina Pacis» dei Padri Pallottini. Dopo otto mesi trascorsi lì, sono stato spedito a Londra, credo perché Londra era sufficientemente lontana dall'Italia.

Da giovane ho sempre avuto il senso della giustizia, del rispetto delle persone, ho voluto aiutare specialmente i più deboli; questo è stato sempre importante per me. Da lì è nato l'interesse per il partito politico che allora attirava molti giovani, il partito comunista, un partito che a mio parere dava un senso alla nostra vita spingendoci verso la giustizia e l'uguaglianza. Che fosse giusto o sbagliato non voglio discuterne qui, ma certo è che molti giovani a quell'epoca erano convinti comunisti. Eravamo di sinistra ma poi frange estreme sono sfociate nel terrorismo con l'aggiunta della violenza. E lì mi sono fermato, per fortuna.

Le realtà pastorali di quegli anni che mi affascinavano

Quando sono arrivato ad Ostia ero un giovane prete di 26 anni con idee rivoluzionarie. Volevo impegnarmi ad aiutare la gente e lì ho trovato pane per i miei denti.

Al mio arrivo ho trovato una situazione di grande degrado perché molte persone erano state mandate via dalla periferia di Roma, dalla zona Laurentina, e spostate ad Ostia, dove è nato una specie di ghetto. Piazza Gasparri, l'Idroscalo (dove venne ucciso Pier Paolo Pasolini) e San Nicola, zona di pescatori, sono diventati il centro di questo «ghetto». Un mondo molto difficile, molto «esplosivo». Io andavo a visitare le persone nelle loro baracche e nelle loro case, davo ragione a chi chiedeva giustizia. Alcuni di noi frequentavano la Basilica di San Paolo fuori le Mura dove si celebrava la messa e insieme si parlava di idee rivoluzionarie: leggevamo il «libretto rosso» di Mao Tse-tung, leggevamo i giornali di quel tempo, era l'epoca del Concilio Vaticano II. La parola di Dio la mettevamo da parte ed eravamo interessati al benessere della gente.

C'erano frange legate alla Chiesa olandese, con il suo catechismo, poi c'erano don Lutte, uno dei preti della contestazione degli anni '70, e don Mazzi, all'Isolotto di Firenze, dove sono andato in varie occasioni: era un prete che celebrava le messe all'aperto perché gli era stato vietato di celebrarle in chiesa. C'era l'abate dom Giovanni Battista Franzoni alla Basilica di San Paolo e le sue celebrazioni erano molto seguite dai giovani. Facevamo scioperi della fame, si creavano piccoli gruppi di agitazione, e si manifestava a piazza del Popolo, al Colosseo ecc.

I miei superiori erano molto preoccupati. Eravamo in un momento storico difficile e pericoloso, temevano che mi esponessi troppo, facendo poi il gioco di persone poco raccomandabili. Il rischio era di avallare idee politiche inconciliabili con quelle della Chiesa. Ora, a distanza di 50 anni, sono arrivato alla conclusione che il miraggio politico a cui abbiamo creduto era una falsità, e ho capito che la paura del comunismo serviva a proteggere lo *status quo*, e che i valori che si proclamavano allora avevano fondamenta sulle sabbie mobili.

Il mondo aveva paura della diffusione del comunismo. Ne ho avuto la conferma quando il partito in cui avevo riposto la mia fiducia non ha corrisposto a quello che ci avevano promesso e di fatto si è sfasciato, e tutto l'ordine mondiale è cambiato: quello in cui credevo è crollato. Chi ha scelto la strada della violenza ha poi finito per uccidere.

La scuola di Ostia: problemi e realtà

Ad Ostia ho insegnato religione ai bambini delle scuole elementari, e spesso andavo con don Renato Pucci, insegnante di religione al Liceo Anco Marzio, a parlare ai giovani. Vedevo fermenti tra i giovani, con loro affrontavo i discorsi che emergevano dalla nostra sensibilità per i problemi sociali.

I ragazzi allora mi parevano motivati. Noi eravamo motivati. Le Brigate Rosse avevano una visione della vita tutta loro e contestavano, ricorrendo alla violenza. Lo Stato per loro non esisteva. Ma anche oggi molti giovani non sono toccati dalla politica, lo Stato è qualcosa a sé e al di fuori della loro vita.

Oggi osservo sempre di più un distacco dalla politica rispetto ai tempi in cui io mi affacciavo alla vita della società italiana.

Io non ho mai avuto un'automobile e ho sempre viaggiato e viaggio con i mezzi di trasporto pubblici dove posso essere a contatto con la gente, condividere le loro frustrazioni, i ritardi, le attese. Così posso ascoltare quello che dicono le persone inferocite in fila o in attesa del treno in ritardo di due ore.

2
L'arrivo alla parrocchia di St. Peter

A Londra mi inviarono perché un prete, don Eugenio Proietti, si era ammalato. A quella parrocchia ho dedicato quasi tutta la mia vita di sacerdote. Era il settembre 1971, avevo 26 anni, ricordo la mia nuova vita nell'Inghilterra prima dell'entrata nel Mercato Comune.

Appena arrivato, andai all'*Home Office* (Ministero dell'Interno) per registrarmi. Ricordo una Londra ordinata, una disciplina impressionante, le file a Leicester Square per andare al cinema che si snodavano nelle stradine vicine e le persone, una dietro all'altra, che non fiatavano e guai se qualcuno si azzardava a rompere l'ordine delle precedenze. Le file, l'educazione, i mezzi di trasporto, la gente che ti aiutava in strada a trovare la direzione giusta o la metro giusta. E il sistema di assistenza sanitaria pubblica ben organizzato. Era la Londra degli anni '70.

Gli autobus erano in orario, io prendevo un autobus da Clerkenwell a Victoria, calcolavo 15 minuti di percorso, e arrivavo a destinazione 15 minuti dopo. Nessuno suonava il clacson. Mi ricordo che alla stazione della metro di Farringdon, vicino alla chiesa, c'era il giornalaio che lasciava il pacco dei giornali su un banchetto: la gente prendeva il giornale e metteva i soldi in un contenitore. Poi a fine giornata il venditore andava a raccogliere i soldi. Nella metro si entrava senza pagare e si pagava all'uscita, e la tariffa dipendeva dalla stazione di provenienza. Ognuno diceva da dove era iniziato il suo tragitto e i controllori ti credevano. Poi hanno messo i tornelli quando sono arrivati quelli che imbrogliavano e non pagavano o dicevano di provenire dalla stazione immediatamente precedente.

L'incontro con Margaret Thatcher

Ebbi l'occasione di incontrare Margaret Thatcher, a lungo primo ministro britannico, in due cerimonie religiose: la prima nella Cattedrale di Westminster per la commemorazione di Lord Charles Forte, un grande imprenditore di origine italiana, e la seconda volta per il funerale di un deputato conservatore alla Chiesa di St Mary's. Alla fine della cerimonia Margaret Thatcher si avvicinò a me e mi ringraziò: «*Father, thank you so much! Wonderful service*» mi disse. Era vestita tutta in nero con il suo piccolo velo sul viso: mi ha fatto piacere incontrarla.

La Famiglia Reale britannica

In occasione del 150.mo anniversario della parrocchia di St. Peter, tra i tanti inviti a personaggi di spicco, dal primo ministro britannico al sindaco di Londra, ho invitato anche la Regina Elisabetta a partecipare alla celebrazione, pur sapendo che non sarebbe mai venuta.

Con grande mia sorpresa ho ricevuto una sua risposta da Buckingham Palace, autografa, con la quale la regina ringraziava per l'invito e per l'opera compiuta dalla nostra parrocchia.

Non ho mai incontrato la Regina Elisabetta ma l'ho vista qualche volta passare in automobile per Londra. Ho sempre avuto un enorme rispetto, venerazione e grande affetto per la Casa Reale, e per la regina Elisabetta in particolare. La notte di Natale c'era sempre, alla parrocchia, la preghiera per la Regina e poi per il governo.

Ho invece incontrato sua figlia, la principessa Anna, durante una sua visita ufficiale al carcere di Wandsworth. In quell'occasione mi chiese come mai avessi lasciato l'Italia per vivere in Inghilterra; le ho risposto: «Mi ci hanno mandato!» e ci siamo messi a ridere tutti e due.

La principessa Diana, che noi chiamavamo Lady Diana, doveva venire al nostro centro a farci visita, ma non è mai riuscita a venire. Una volta l'ho vista al ristorante San Lorenzo seduta al tavolo accanto al mio insieme ai suoi bambini, William e Harry. Mi ha colpito molto la sua dolcezza e la sua riservatezza.

Lady Diana era molto impegnata in opere di carità e si occupava molto dei malati di Aids. Il *London Lighthouse*, nella zona di Portobello, era sostenuto dal cantante Elton John, e Lady Diana ci andava molto spesso.

Il lavoro alla parrocchia

La porta, al n. 4 di Back Hill, è l'indirizzo dell'ufficio parrocchiale e della canonica. Per me quell'indirizzo ha un significato preciso: c'era una parrocchia aperta sul mondo. Una parrocchia «extraterritoriale», senza confini. La parrocchia di St. Peter, infatti, non serve un quartiere o una località di Londra: è la parrocchia degli italiani a Londra, e non solo loro.

In quella chiesa c'è una grande affluenza per l'affetto e la «vicinanza» che vengono offerti dai sacerdoti che ci lavorano. Spesso per assistere alle messe domenicali i parrocchiani si sobbarcano lunghi tragitti con i mezzi pubblici o in auto. La messa a St. Peter è particolare per l'atmosfera di amicizia e di cordialità che vi si respira. E noi preti andavamo poi a visitare i parrocchiani nelle loro case, spesso organizzando incontri lì o nei ristoranti, eventi molto familiari e apprezzati da tutti.

La comunità italiana di Londra

In questa comunità di Londra sono attivi tanti gruppi e associazioni di varie regioni e comuni d'Italia che organizzano attività ed eventi e che rappresentano la varietà della presenza italiana nel Regno Unito ma anche di tante altre comunità di persone che hanno scelto di vivere a Londra.

Varie associazioni regionali sono legate alla Chiesa italiana da tempo immemorabile, come si può dedurre anche dalle statue e dalle immagini presenti nella chiesa di St. Peter, statue di santi venerati in diverse regioni italiane con le preghiere e i riti tradizionali ad essi riservati.

Io mi occupavo anche degli ospedali di Londra per le visite ai connazionali lì ricoverati. In particolare la parrocchia aveva la cura religiosa e assistenziale dell'Ospedale Italiano, situato tra il British Museum e Russell Square, che era stato costruito nel 1889 con i fondi della comunità italiana, successivamente alla fondazione della parrocchia di St. Peter.

Ricordo che ogni mattina alle 6.30 andavo all'Ospedale Italiano in bicicletta a celebrare la Messa per gli ammalati. Nei primi anni c'erano le suore comboniane ad aiutare, poi vennero le suore elisabettine. L'Ospedale Italiano è stato purtroppo chiuso nel 1990, dopo quasi un secolo di attività.

La ricchezza di questa comunità italiana dipende proprio dalla varietà delle persone che la compongono, ciascuno con le sue tradizioni, da cui sono spesso emersi i tanti ristoranti italiani presenti a Londra e le molteplici attività produttive che hanno visto gli italiani in prima linea. Si è anche andata creando a poco a poco una rete «italiana» tra medici, agenti di polizia e avvocati, e tanti imprenditori anche loro di origine italiana. Per me era come una grande famiglia.

La pastorale in parrocchia è molto intensa: sono moltissimi i matrimoni e i battesimi che vi si celebrano, ma tanti anche i funerali dato che gli italiani vogliono che sia la Chiesa Italiana a dare loro l'ultimo saluto. Tutti, italiani e non, vengono accolti con spirito di famiglia e fratellanza.

I bambini in particolare aspettano le celebrazioni di Natale e dell'Epifania, e l'arrivo in chiesa dei Re Magi «in carne ed ossa» il 6 gennaio è per loro l'apice delle feste natalizie.

Nei corsi prematrimoniali siamo arrivati ad avere fino a 200 coppie l'anno, con una mescolanza di culture di vari Paesi, una ricchezza enorme di popoli e di tradizioni, e di religioni diverse. Ho celebrato migliaia di matrimoni a Londra come pure nel resto dell'Inghilterra e tanti anche in Italia (Siena, Firenze, Milano,

Sardegna, Sicilia, Positano, Ravello, Amalfi, Padova, Venezia), ma anche in Spagna, Messico, India, ecc.

La creazione del club dei giovani e di quello della terza età, nell'edificio ottocentesco del complesso della chiesa, ha favorito la sensazione di prossimità tra generazioni, con l'organizzazione di feste e danze.

In tutto questo turbinio di contatti abbiamo sempre mantenuto buone relazioni con le autorità italiane di Londra, l'Ambasciata e il Consolato, con le associazioni regionali italiane e anche con la Diocesi di Londra e con il municipio di Camden Town, e con le varie comunità etniche di tutto il mondo, con le autorità britanniche a vari livelli, specialmente con le associazioni con cui avevamo rapporti nell'ambito della NACRO (*National Association for the Care and Resettlement of Offenders* – Associazione per l'Assistenza e il Recupero dei Detenuti), con la polizia inglese, le prigioni, i centri per tossicodipendenti, gli ospedali, i medici e anche i tribunali dove noi della Chiesa Italiana venivamo spesso convocati per testimoniare nei processi di coloro che conoscevamo.

Accoglievamo anche i missionari stranieri in visita a Londra. Ogni due anni alla parrocchia si organizzano le Olimpiadi dei giovani italiani nel week-end del *Bank-Holiday* di maggio.

E nel 2012, in occasione delle Olimpiadi di Londra, abbiamo accolto in parrocchia gli atleti italiani per una celebrazione eucaristica piena di gioia e di gioventù, con bandiere italiane e inno di Mameli. La chiesa di St. Peter è diventata tutt'a un tratto un piccolo stadio. Non ho mai visto tanti operatori TV come in quel giorno!

La processione per la festa della Madonna del Carmine

Ricordo anche, tra le attività tradizionali della parrocchia, la processione che si svolge la domenica successiva alla Festa della Madonna del Carmine, una tradizione iniziata nel 1883. La prima volta che si tenne questa processione fu un vero e proprio evento storico: fu infatti la prima manifestazione cattolica pubblica organizzata in Gran Bretagna dopo la Riforma di Enrico VIII! L'autorizzazione era stata concessa direttamente dalla Regina Vittoria d'Inghilterra.

La tradizione andò rafforzandosi – come ci racconta Pietro Molle nel suo libro *La Chiesa italiana di Londra, La storia dei primi Pallottini in Inghilterra* (Tau Editrice e Fondazione Migrantes, 2014) – tanto da andare avanti ininterrottamente (salvo una interruzione nell'ultima guerra mondiale) fino ad oggi. A questo evento, come risulta dagli archivi della chiesa, partecipavano fino a 50.000 persone!

> Un genio artistico e decorativo di cui oggi abbiamo solo un vago ricordo si palesava in quella occasione. Maestosi archi trionfali, ghirlande di fiori e festoni, bandiere e lampioncini colorati, ricche e sfarzose tappezzerie, riproduzioni delle più celebri Madonne di Raffaello e degli altri grandi artisti, statue sacre ed altari, e tutto ciò che poteva sembrare men che decoroso o profano, tutto scompariva. Sfilavano per due ore coloro che andavano in processione e non si udivano che espressioni di ammirazione per i canti melodiosi, le chiare e squillanti voci, le belle schiere di fanciulli e velate giovani, il maestoso incedere degli uomini oranti.

La festa continuava fino alle prime ore del mattino mentre molti dei negozianti italiani della zona allestivano decorazioni festive e preparavano pietanze regionali per celebrare i loro luoghi di provenienza. Negli anni '50 erano molti i partecipanti alla processione perché oltre alla celebrazione religiosa c'era anche l'aspetto commerciale. Gli italiani volevano farsi conoscere dagli inglesi e diffondere le loro tradizioni e la loro cultura, oltre ai loro manicaretti.

L'arrivo dei tossicodipendenti

Bisognerebbe qui spiegare i motivi sociologici per cui migliaia di giovani italiani sono arrivati in Inghilterra, specie a Londra, attirandosi l'attenzione e le ire delle autorità inglesi, dei servizi sanitari britannici, e dell'*Home Office* (Ministero dell'Interno) per i disagi che creavano. L'hanno chiamata «nuova emigrazione» e per tanti anni sono stato testimone di questi arrivi. Era un mondo difficile, molto pericoloso e il problema era sia religioso sia sociale.

Ho potuto così raccontare nei miei precedenti libri, *Eravamo terroristi* e *Dal carcere di Londra*, cosa succedeva per le strade, nei tribunali e nelle carceri di Londra: le conversioni e il cambiamento dei ragazzi, e poi come è nato e si è sviluppato il *St. Peter's Project* nella chiesa italiana di Londra, il trasferimento del progetto da Back Hill a Holy Cross, l'attività dei volontari, i rapporti con la parrocchia, il Consolato, l'Ambasciata italiana e le associazioni di italiani, l'aiuto di Davide Serra (un italiano dal cuore molto grande che ci ha tanto aiutato e continua ad aiutarci nella nostra attività a favore dei tossicodipendenti e dei detenuti).

Il centro di accoglienza a Back Hill

Al n. 4 di Back Hill erano in tanti a bussare, di giorno ma anche di notte. A volte chiamavano dalla strada e io parlavo con loro dalla finestra per calmare i più agitati e qualche volta gli calavo qualche sterlina per evitare che continuassero a disturbare il vicinato. Se conoscevo la persona che bussava, aprivo la porta, ma spesso avevo paura di farlo. Quando decidevo di far entrare qualcuno che conoscevo gli facevo un caffè: spesso venivano solo per fare una chiacchierata, anche se era notte. Era gente abituata a girare di notte, che non si preoccupava di dare fastidio agli altri, ma aveva un disperato bisogno di compagnia. Una volta però hanno sfasciato la porta d'ingresso di Back Hill con una tale violenza da costringerci a installare una porta blindata.

Onorina, l'assistente tuttofare, cuoca e custode della parrocchia di St. Peter, aiutava molto, anche se all'inizio era ostile, data la prepotenza di alcuni di coloro che bussavano alla nostra porta, ma, in seguito, la cura dei ragazzi è diventata la sua vita: aveva un carattere energico e cucinava divinamente, ma anche lei si prendeva insulti e parolacce dai tossicodipendenti.

Ricordo anche le discussioni con padre Roberto Russo, a lungo parroco di St. Peter e per 25 anni presenza amica e fattiva nella nostra parrocchia, che a volte non nascondeva la sua difficoltà a gestire tanti giovani disadattati che cercavano di invadere ogni spazio accessibile. Ma, dopo l'improvvisa morte di un suo nipote a soli 16 anni, padre Russo ha dimostrato più disponibilità nei loro confronti.

Tutti conoscevano quel portone al n. 4 di Back Hill, che veniva aperto anche se con paura per i possibili rischi che si potevano correre. Come al solito non era facile capire chi fosse veramente nel bisogno e chi invece ne approfittasse e ti riempiva di minacce se non esaudivi le sue richieste.

3
Nelle carceri di Londra

La «famosa» telefonata

Poco dopo il mio arrivo a Londra come giovane prete mi scontrai con una realtà a me completamene sconosciuta: quella del carcere.

Per raccontarla bisogna parlare della famosa telefonata.

Ero arrivato da circa due anni a Londra (era il 1973) quando telefonarono alla parrocchia dal carcere londinese di Wormwood Scrubs per comunicare che un giovane detenuto italiano aveva tentato di suicidarsi. Presi io la telefonata. Così sono andato al carcere indicato: ho scoperto una realtà incredibile e ho cominciato a vivere uno spaccato di vita popolato da giovani italiani che stavano creando molti problemi per l'abuso di stupefacenti.

Questo fu l'inizio della mia storia con i carcerati, da cui deriva poi tutto il lavoro con i tossicodipendenti e quindi le mie visite alle prigioni in Gran Bretagna e in molte altre nazioni del mondo.

Ho iniziato a Londra, poi ho cominciato a girare per le prigioni della Gran Bretagna, e in seguito sono andato in Spagna, ho anche visitato varie carceri d'Italia negli anni burrascosi delle Brigate Rosse, dell'insorgere dei Nar e di Ordine Nuovo.

Ho visitato le prigioni di Olanda, Spagna, Italia, Thailandia, Nepal, Birmania, India, Corea del Sud, Hong Kong, Macao, Cambogia, Argentina, Bolivia, per incontrare detenuti italiani ma non solo.

Le confessioni

La confessione è stata ed è ancora l'attività più importante della mia pastorale, sia in carcere che fuori. A volte le confessioni in carcere sono molto sofferte. Non ho mai chiesto ai detenuti se volevano confessarsi, molto spesso erano loro a chiedermelo.

L'uomo a volte vuole mettersi nudo davanti a Dio e per questo la confessione è un'esperienza impressionante. I ragazzi che morivano di Aids mi hanno chiesto di confessarsi e mentre si confessavano io vedevo il cielo aprirsi per accoglierli. Quante volte ho invidiato la loro morte: magari potessi morire come loro, pensavo. L'uomo si svuota quando contempla la sua vita e questa per me è stata una esperienza incredibile.

Nei miei cinquant'anni di sacerdozio ho incontrato tante persone, specialmente giovani, che avevano tralasciato da molti anni il sacramento della confessione (il record è di una persona che non si confessava da 70 anni!) per esperienze negative e dolorose con alcuni preti che li avevano trattati male, umiliati, cacciati via, o erano curiosi dei loro peccati. Per me era sempre un grande dolore avere davanti questi volti delusi e anche arrabbiati e disgustati.

È bello qui ricordare con gratitudine le parole di papa Francesco sulla confessione.

La Chiesa è madre, è Cristo che accoglie, che ascolta, è Cristo che perdona, è Cristo che dona la pace. Bisogna saper guardare al desiderio di perdono presente nel cuore dei penitenti, ascoltare il linguaggio delle loro parole e osservare i loro gesti.

E poi c'è la vergogna (come quella di Adamo ed Eva che si scoprono nudi): davanti a noi c'è una persona nuda e anche una persona che non sa parlare, che non sa cosa dire, con la sua debolezza e i suoi limiti, con la vergogna di essere un peccatore e tante volte di non riuscire a dirlo: solitudine, angoscia, dubbio, delusione, frustrazioni, sogni infranti, amici perduti, traguardi falliti, ferite aperte, affetti traditi, rimpianti per gli errori commessi.

Padre Pio diceva: «Signore io perdono, mettilo sul mio conto». Per Papa Francesco, Padre Pio era una «carezza vivente di Dio che guarisce le ferite del peccato e rinfranca il cuore con la pace». La sua piccola goccia è diventata un grande fiume di misericordia che ha irrigato tanti cuori deserti e ha creato tante oasi di vita in molte parti del mondo. La preghiera è una forza che muove il mondo. È la migliore arma che abbiamo, una chiave facile che apre il cuore di Dio.

Il cuore di Dio non è blindato con tanti sistemi di sicurezza, la preghiera è una centrale di misericordia, sempre aperta e attiva e la potenza umile della preghiera provvede a dare la luce di Dio al mondo e l'energia dell'amore alla Chiesa.

Le ferite dell'anima sono più lente e difficili da sanare. Sul volto di Padre Pio risplendeva la luce della risurrezione. La persona che viene, viene a cercare conforto, perdono, pace per la sua anima. Padre Pio leggeva nelle anime, vedeva i peccati di ciascuno, e ammonendo ne riportò molti ad una vita migliore.

Un profumo di viole e rose emanava dal suo corpo dolorante. La Chiesa che lui indicava non era come un castello assediato in cui i cristiani sono le guardie della fortezza ma come una dimora accogliente che sa annunciare, curare ed amare.

Dio ama ciò che è perduto, Dio non si vergogna della bassezza dell'uomo, vi entra dentro, ama ciò che non è considerato, è insignificante, emarginato, debole e affranto, chi è perduto.

Non andiamo in confessione per fare un'operazione bancaria, una pratica d'ufficio o come in tintoria per togliere le macchie. Diceva don Giussani: «Dio si è commosso per il nostro niente, il nostro tradimento, la nostra povertà, la nostra meschinità. Ha avuto pietà di me». La misericordia di Dio scende sempre più in basso della miseria umana. Dio trova la sua gioia più grande nel perdonare il peccatore. Il perdono è il sorriso di Dio, solo chi ama perdona e solo Dio che ha creato l'uomo conosce il suo valore.

La preghiera

Come dice san Giovanni Crisostomo: «La preghiera è la luce dell'anima, è come un bimbo che piangendo grida alla madre». Essa ci purifica, parliamo con Dio!

Papa Francesco ci dice: «Lamentati con il Signore, è buono, è un modo di pregare come Abramo che ha crisi di sconforto, nel suo cuore c'è il buio della delusione, scoraggiamento, difficoltà nel continuare e sperare in qualche cosa di impossibile. La fede non è il silenzio che accetta tutto senza replicare, la speranza non è certezza che ti mette al sicuro dal dubbio e dalla perplessità».

Tante volte la speranza è buio, ma è lì che la speranza ti porta avanti. Fede è anche lottare con Dio, mostrargli la nostra amarezza senza pie finzioni. Mi sono arrabbiato con Dio e gli ho detto «questo… e questo»!

È bello quello che ci ricorda Tertulliano: «Solo la preghiera vince Dio. Il suo unico compito è richiamare le anime dei defunti dallo stesso cammino della morte, sostenere i deboli, curare i malati, liberare gli indemoniati, aprire le porte del carcere, sciogliere le catene degli innocenti. Essa lava i peccati, respinge le tentazioni, spegne le persecuzioni, conforta i pusillanimi, incoraggia i generosi, guida i pellegrini, calma le tempeste, arresta i malfattori, sostenta i poveri, ammorbidisce il cuore dei ricchi, rialza i caduti, sostiene i deboli, sorregge i forti. Pregano anche gli angeli, prega ogni creatura. Gli animali domestici e feroci pregano e piegano le ginocchia e, uscendo dalle loro stalle o dalle tane, guardano il cielo non a fauci chiuse ma facendo vibrare l'aria di grida nel modo che a loro è proprio. Anche gli uccelli quando si destano, si levano verso il cielo e al posto delle mani aprono le ali in forma di croce e cinguettano qualcosa che può sembrare una preghiera».

Papa Francesco: «La preghiera trasfigura la vita. Lasciamo entrare Dio in noi e vediamo la realtà sotto un altro aspetto e la bellezza di Dio. Quante brutture incontriamo nella vita, quante difficoltà e problemi! Pregare è come respirare».

Il fariseo prega stando in piedi e usa molte parole. La sua preghiera è uno sfoggio dei propri meriti, con senso di superiorità verso gli altri uomini, qualificati come ladri, ingiusti, adulteri. Prega Dio, ma in verità guarda a sé stesso. Prega sé stesso, elenca le buone opere compiute, è irreprensibile, osservante della legge oltre il dovuto. Più che pregare, si compiace della propria osservanza dei precetti, prega con arroganza e ipocrisia. Non si accorge di avere smarrito la strada del suo cuore. Il pubblicano invece si presenta nel tempio con animo umile e pentito. La sua preghiera è brevissima, mendica la misericordia di Dio. Il fariseo è un corrotto e fa finta di pregare, è un ipocrita. La superbia compromette ogni azione buona, svuota la preghiera, allontana da Dio e dagli altri. Se la preghiera del superbo non raggiunge il cuore di Dio, l'umiltà del misero lo spalanca. Dio ha una debolezza per gli umili; davanti ad un cuore umile, Dio apre totalmente il suo cuore come la Vergine Maria.

La preghiera deve presentare le fatiche, gli imprevisti, le stanchezze e le speranze. Molte persone vivono in una fretta costante. Così tendono a travolgere tutto ciò che hanno intorno a sé. Ci affanniamo per riempirci di più lavoro e più agitazione, impegni e più corse, più andirivieni, messaggi, chiamate, commissioni, appuntamenti.

Pentimento, conversione e speranza

Ritornando a parlare del carcere, per me era incredibile vedere quante volte i detenuti mi chiedevano di avere una Bibbia – un libro che forse non avevano mai letto – e così anche la richiesta di rosari. Una volta ho comprato mille Bibbie a Torino da distribuire in carcere e in parrocchia.

Ad alcuni detenuti che facevano un cammino particolare insegnavo anche a fare la *scrutatio* (cioè leggere un brano della Bibbia e collegarlo a tutti i vari riferimenti sull'argomento contenuti nella Bibbia stessa). Le confessioni avvenivano o nella cella o nei corridoi, negli spazi davanti alle celle. Spesso i detenuti mi chiedevano di pregare con loro. Avevo paura di proporre di pregare insieme ed erano invece loro a chiedermelo: mi davano delle vere e proprie lezioni.

Le messe in carcere erano celebrazioni vissute e spesso celebravo per gruppi etnici con la condivisione della Parola in spagnolo (per cileni, colombiani e peruviani), con i cosiddetti *carteristas* (i borseggiatori) e i trafficanti di droga.

Andavo anche a celebrare al carcere femminile di Holloway sia in spagnolo che in italiano. L'ambiente era più difficile, più chiuso. Alcune detenute erano un po' attaccabrighe ma erano anche pronte a confessarsi. Le donne mostravano spesso una religiosità più tradizionale degli uomini.

C'era poi il rapporto con le famiglie. Migliaia le lettere che ricevevo sia dai prigionieri sia dalle famiglie. Le lettere le ho tutte conservate e sono un enorme patrimonio di vita. Per tanta gente erano uno sfogo da cui emergeva quella che era stata la loro vita.

Nella stragrande maggioranza dei casi io seguivo i ragazzi anche dopo la sentenza, quando venivano trasferiti in altre carceri inglesi: andavo a trovarli dopo aver preso contatto con il cappellano del carcere dove erano detenuti. Tra le prigioni che ho più frequentato fuori Londra ci sono state quelle dell'Isola di Wight (Camphill, Albany e Parkhurst) dove erano detenuti per lo più italiani e sudamericani.

Avevo anche l'ingrato compito di informare le famiglie sulla detenzione dei loro figli e sulle loro condanne, ma lo facevo solo quando i ragazzi me lo chiedevano. Spesso ero io a informare i parenti del decesso dei loro figli.

Nelle carceri sono stato sempre benaccolto e desiderato. Solo pochissimi hanno rifiutato la mia visita, per molti era una grande gioia vedermi.

I detenuti italiani che avevo conosciuto a Londra, li ho seguiti quando sono stati trasferiti in altre carceri italiane: Opera, Cuneo, Bergamo, Rebibbia, Alessandria, Paliano, Velletri, e altri. Erano gli anni '80-'90.

Ci sono state poi le visite ai cimiteri di tutta Italia per pregare sulle tombe dei ragazzi che avevo conosciuto in carcere; il riconoscimento dei ragazzi morti di overdose che la polizia mi chiamava a identificare in mancanza di familiari; poi un viaggio nel nord della Thailandia, nella zona nota come «il triangolo d'oro» della droga, per cercare un bambino, come mi aveva chiesto suo padre, un italiano detenuto a Londra.

Va comunque chiarito che nella mia attività a Londra non c'era soltanto il carcere: c'erano una infinità di altre incombenze che mi occupavano, a partire dalla pastorale che si svolgeva nella parrocchia, la presenza nei vari circoli sociali per i giovani e per la terza età, nelle associazioni, le visite all'Ospedale Italiano, e poi i rapporti con la Diocesi di Londra e con i numerosi missionari italiani presenti a Londra.

La giornata del cappellano del carcere

Voglio qui raccontare come funzionava il lavoro di équipe con i cappellani delle carceri inglesi, sia cattolici, sia anglicani, sia musulmani, sia ebrei, e i rapporti con i detenuti disperati pronti al suicidio, le confessioni, i colloqui, gli incontri, le relazioni. E voglio anche spiegare come si svolgeva la giornata del cappellano, il mio rapporto con i carcerati, cosa ti chiedevano, come ti muovevi dentro il carcere, i due cancelli, gli uffici, gli incontri con i detenuti appena arrivati per i quali il carcere è un'esperienza nuova. Per loro è un dramma essere lì, la prima volta che vengono rinchiusi. C'era quindi da stabilire un rapporto con loro, ma anche organizzare le visite all'ospedale del carcere, la celebrazione delle messe e le confessioni con i *sex-offenders* (i detenuti accusati di reati sessuali), che erano tenuti separati dagli altri, e poi l'ingresso nel «Block» dove alcuni di loro erano confinati.

Era un lavoro di équipe tra cappellani cattolici e di altre confessioni, relazioni che si sviluppavano pian piano, con riunioni veramente molto belle, fino ad allargarsi allo «*special watch*» (zona in cui i detenuti erano posti sotto osservazione), specie per i «suicidal», coloro che avevano tentato di togliersi la vita, e poi le confessioni, i colloqui, gli incontri a gruppi.

Arrivato al carcere, prima di tutto ricevevo le chiavi in portineria: una chiave per tutte le celle, due chiavi per i cancelli (i cancelli erano doppi) e poi quelle degli uffici, del cappellano e degli altri. Appena arrivato andavo a controllare il «*pigeon-hole*», la bacheca, dove venivano inseriti i nomi dei «*new receptions*», i nuovi arrivati del giorno prima e quelli che avevano fatto richiesta di vedere il cappellano (la «*application*» che equivale alla «domandina» in Italia).

Poi andavo in ufficio a organizzare il mio lavoro. Per molti anni ogni cappellano vedeva «i suoi», cioè il cappellano cattolico i cattolici, l'anglicano (o della *Church of England*) i suoi, l'imam i musulmani ecc. Poi le norme sono cambiate e il cappellano di turno visitava i detenuti di ogni confessione.

C'erano anche da visitare i detenuti ricoverati in ospedale, poi quelli del «Block» e infine la firma.

Quindi la giornata di un cappellano è molto intensa e spesso incontravo persone che avevo già conosciuto in precedenti visite, entravano e uscivano dal carcere, quando invece incontravo i nuovi mi accorgevo che per loro l'esperienza carceraria era uno shock.

Poi c'erano le telefonate ad avvocati e familiari, a medici e ospedali, e la ricerca nella grande Londra dei ragazzi di cui non si aveva più notizia e che le famiglie cercavano. E io allora vagavo nel centro di Londra, la sera, la notte, a cercarli. Alcuni di loro li ho trovati, spesso disperati.

E poi le messe celebrate in carcere a cui partecipavano anche gli «officers», le guardie carcerarie.

All'ospedale del carcere ti dicono a volte di non entrare nella cella perché ci può essere gente violenta, sulla porta c'è una piccola inferriata, se ti avvicini troppo e il malato ti si avvicina c'è il rischio che ti aggredisca, ti rompa gli occhiali, anche attraverso le sbarre. Spesso mi capitava di vederli da lontano.

Alla fine del mio percorso tra le celle c'era da firmare il «journal», il verbale, dovevo scrivere nome e cognome di ogni prigioniero da me visitato e quello di cui avevamo parlato e il numero di telefono che il detenuto mi aveva dato per parlare con una certa persona.

In carcere ci sono i cappellani fissi, mentre io ero «*duty chaplain*» in varie carceri, ero cioè il sostituto cappellano e come tale una volta andavo a Wandsworth, a volte a Pentonville o a Wormwood Scrubs ma alcune volte capitava che c'ero solo io nel carcere. Se per altri impegni esterni non potevo andare, dovevo avvisare, altrimenti il turno restava scoperto. Alcune volte non avevo nemmeno il tempo di vedere i ragazzi italiani.

Avevo un ottimo rapporto con il «*Governor*» (direttore) del carcere.

Ricordo soprattutto l'emozione quando ho avuto per la prima volta le chiavi delle celle. Ricordo quando ho firmato il «*Secret Act*» che mi impegnava alla segretezza. Me l'ha dato da firmare Jim Edward, il capo della sicurezza al carcere di Brixton, che poi mi ha dato il mazzo di chiavi con la catena... Il carcere, i due cancelli, la fiducia... ero veramente pieno di stupore!

Poi quando avevo completato le visite ai detenuti riconsegnavo le chiavi, il mio «*tally*» (targhetta con il numero che per me era 45), e conservavo solo la catena e il borsello per le chiavi.

Qualche volta c'era un incontro con tutto lo staff quando il «*Governor*» ci riuniva per darci notizie e informarci di quello che succedeva. Spesso c'erano incontri con tutti i cappellani.

I cappellani avevano varie incombenze ed espletavano i compiti loro assegnati o comunque necessari nel carcere.

In Inghilterra, a quel tempo, quando uno straniero terminava la sentenza, veniva espulso come persona non grata. Ora non è più così.

In quegli anni ero solito invitare, per una cena in parrocchia, avvocati italiani, medici, volontari, cappellani delle carceri, direttori delle carceri e agenti di polizia, il vescovo ecc. Sono state ottime occasioni di aggregazione e di scambi di idee.

L'effetto sulla mia vita delle visite in carcere

Il mondo del carcere è particolare. Ogni volta che uscivo dal carcere avevo sempre il cuore gonfio di sofferenza per tutto quello che avevo ascoltato. Era un bagaglio di dolore che mi portavo dentro, non lo lasciavo nel carcere ma lo portavo con me. Ma poi questo fardello pesava sulle mie spalle. Quindi questo ti dava sofferenza. Non ti abitui mai alla sofferenza. Altrimenti diventi cinico, freddo.

Ci sono casi molto gravi. Dipende da come vivi il carcere: se lo fai come un burocrate o se invece ti porti dietro il dolore delle persone. E questo ti fa invecchiare. Il dolore altrui ti rende la vita pesante ma ti dà anche la sapienza della vita, e ti permette di capire certe situazioni in cui l'uomo si trova a fare sbagli gravi. Io tante volte ho pianto. Sì, ho pianto di fronte a persone che avevano compiuto crimini orribili ma che spesso non si rendevano conto di quello che avevano fatto. Mi trovavo di fronte queste persone sconvolte che non riuscivano a capire queste situazioni tragiche della vita. Il carcere o ti abbrutisce o ti migliora. O ti fa diventare più cinico, più violento per le ingiustizie subite.

Era tanto il dolore che io mi portavo dentro: il dolore diventa un macigno per chi ascolta, e uno non sa come reagire quando i detenuti ti raccontano i loro errori, spesso gravi, molto gravi. Vedi la gente che ti parla con un odio terribile dentro, vedi l'ingiustizia, vedi il sangue. Non puoi reagire, devi solo ascoltare, e questo ti pesa.

4
Inchieste e sospetti della polizia

Le mie frequenti visite al carcere avevano creato problemi e sospetti specialmente da parte di alcuni organi di polizia.

Essendo ora passato molto tempo, credo opportuno raccontare qui alcuni episodi abbastanza gravi legati alla mia attività di cappellano del carcere. Non ne ho mai parlato prima.

Ci fu la mia «espulsione» dal carcere di Paliano, in Italia, dove andavo abbastanza regolarmente per visitare i detenuti pentiti o dissociati. Sono stato espulso perché era arrivata una denuncia nei miei confronti secondo cui io avrei fatto da tramite tra l'IRA (l'Esercito Repubblicano Irlandese) nell'Irlanda del nord e le Brigate Rosse.

Ho fatto di tutto per difendermi spiegando che sicuramente conoscevo i detenuti dell'IRA che andavo a trovare in carcere a Londra, ma un conto è conoscere e un altro è far parte di una cellula terroristica. E nella mia esposizione al direttore del carcere di allora – De Benedetti – ho spiegato i motivi delle mie visite chiarendo che il mio ruolo era di esporre ai detenuti una linea d'azione evangelica e non certo terroristica e di violenza. Ho parlato allora con Angelo Izzo, Adriana Faranda, Valerio Morucci e altri detenuti per chiedere se fossero stati loro a dire qualcosa su di me e tutti mi hanno assicurato che non si sarebbero mai permessi di fare una cosa del genere. E mi hanno detto una frase: «Stai attento a… (e hanno indicato una persona precisa), perché per farsi grande e avere dei privilegi si inventa delle fandonie».

Poi mi è stato suggerito di prendere contatto a piazzale Clodio, dove si trova il Tribunale di Roma, con alcune persone che lavoravano lì. Sono andato a incontrarle, partendo da Londra, ho esposto i miei problemi, ho fatto vedere le lettere ricevute e indicato le persone con cui avevo parlato e mi hanno risposto: «Padre, stia buono, lasci dormire i cani che dormono». E allora io mi sono calmato: il mio incubo era che ad ogni mio ingresso in Italia potessi rischiare l'arresto con possibili conseguenze negative sul mio lavoro nelle prigioni inglesi. E la cosa è finita lì.

Altro episodio molto scabroso per me fu l'incontro a Milano con due agenti della Digos in occasione della presentazione del mio secondo libro, *Dal carcere di Londra*. Si sono avvicinati mostrandomi i loro tesserini e mi hanno chiesto informazioni su un noto e pericoloso terrorista latitante, convinti che io sapessi dove si trovava. E mi hanno consegnato una documentazione che ho bruciato per paura che venisse trovata da altri. La mia risposta in quell'occasione fu che questo non era il mio lavoro e che io non sapevo nulla di tutto questo.

Qualche mese dopo, al termine della messa domenicale delle 11 nella mia parrocchia di Londra, mentre salutavo i fedeli, mi vedo ricomparire gli stessi due agenti che sono ritornati all'attacco per avere informazioni. La mia risposta è stata identica.

Poco tempo dopo, mentre mi trovavo all'Università di Belfast, dove ero stato invitato con molte altre persone a intervenire durante un convegno, mi ritrovo di nuovo davanti gli stessi due agenti della Digos. A questo punto ho cominciato a preoccuparmi e ho avuto paura e credo di aver detto loro chiaramente: «Non intendo incontrarvi più». Io volevo fargli capire che non sono mai stato un «*supergrass*» (spione). E da allora, con mio grande sollievo, sono spariti dalla mia vita.

Altro episodio molto increscioso e molto delicato: sono stato sospettato di aver aiutato una persona, considerata un pericoloso terrorista, a fuggire all'estero. Per questo caso non ho mai ricevuto nessuna comunicazione, ma ho poi saputo che il mio telefono era stato messo sotto controllo.

Un'altra volta un signore mi ha telefonato chiedendo di incontrarmi. Ero in quei giorni a Birmingham come catechista itinerante delle Comunità Neocatecumenali e questo signore mi ha detto che sarebbe venuto lì. Vennero in due e portarono con loro due album di foto. Tiravano fuori queste foto, una ad una, e mi chiedevano: «Questo lo conosce?». E io rispondevo «sì» o «no». E loro: «Ma come fa a conoscere tutte queste persone?». Ho risposto che ero cappellano del carcere e li incontravo in carcere. «Ma non li conosceva prima?» mi chiedevano. «No» ho risposto categoricamente. Tornai a Londra e mi richiamano: «Possiamo venire a trovarla?». La loro richiesta derivava dal fatto che spesso la polizia trovava, tra gli effetti personali di gente arrestata, fogli con il mio nome e indirizzo e numero di telefono. E quindi si erano fatti l'idea che io fossi uno che teneva le fila di qualche organizzazione.

Infine un giorno si presentò in parrocchia un distinto signore di «Scotland Yard» e ci fu la stessa scena delle foto (che erano più numerose di quelle che mi avevano mostrato i due agenti in precedenza). Lo guardai negli occhi e gli chiesi: «Perché è venuto qui da me?». E lui mi rispose: «Per arrestarla! Però ci rendiamo conto della sua buona fede e del lavoro splendido che fa senza secondi fini».

Dopo di allora siamo diventati ottimi amici e addirittura mi ha invitato a celebrare le nozze di sua figlia, cosa che ho fatto con molto piacere (la moglie era cattolica). Il matrimonio l'ho celebrato in un villaggio fuori Londra e ho partecipato al ricevimento. Così è finito anche questo incubo che era durato fin troppo a lungo.

Un'altra volta degli agenti si sono presentati in parrocchia convinti che avessi ospitato un detenuto italiano fuggito dal tribunale dell'Old Bailey a Londra. Hanno voluto perquisire la casa parrocchiale.

Nelle mie visite in carcere ho incontrato detenuti che avevano fatto parte delle Brigate Rosse in Italia, dell'ETA (il movimento basco) a Madrid, ho visitato prigionieri legati all'IRA (Esercito Repubblicano Irlandese) a Londra. È stato un capitolo burrascoso ma anche molto interessante perché si poteva individuare una matrice comune tra tutti questi gruppi terroristici.

Un ultimo «interrogatorio» da parte della polizia accadde mentre ero in viaggio insieme a mia madre e a due miei nipotini per raggiungere la Calabria di ritorno dalla Sardegna. Eravamo alla stazione Termini a Roma, il treno stava per partire. Misi velocemente le valigie sul treno, feci salire mio nipote, poi sono salito io. Mentre aiutavo mia madre e mia nipote a montare sul predellino, il treno ha cominciato a muoversi. Con un balzo siamo saltati giù io e mio nipote ma le valigie sono rimaste sul treno. Al deposito bagagli di Roma ci hanno detto che le avremmo ritrovate al deposito della stazione di Napoli. Così abbiamo preso il treno il mattino successivo e siamo arrivati a Napoli. Al deposito bagagli ci hanno detto di aspettare e invece delle valigie sono arrivati due agenti che ci hanno fatto accomodare nella locale stazione di polizia e hanno cominciato a interrogarmi. Mi hanno spiegato che le valigie erano state prese dal capotreno che le aveva consegnate al deposito ma cercavano il nome del proprietario. Hanno guardato nel piccolo zaino che io portavo sempre con me e che era rimasto sul treno e hanno trovato il mio libretto di appunti in cui io segnavo nomi, indirizzi e numeri di telefono di detenuti con cui ero in contatto per andarli a visitare in carcere. Tra questi anche molti nomi di personaggi noti alle cronache del terrorismo italiano. Perciò si sono allarmati e hanno voluto sapere da me come mai avessi questi nomi e questi contatti. Ho dovuto spiegare che quei nomi facevano parte della mia attività di sacerdote e cappellano delle carceri in Inghilterra e anche in Italia.

Le spiegazioni, che si sono protratte a lungo, sono state sufficienti a convincerli che quello che raccontavo era la pura verità. Ma c'è voluto un po' di tempo prima di poter recuperare i bagagli e avere il via libera per ripartire: eravamo nel periodo degli «anni di piombo».

Un altro episodio sconcertante raccontatomi dall'allora nostro padre Provinciale don Vittorio Vinci fu la visita di due agenti della Digos per una ricerca negli archivi dei Pallottini sulla mia attività. Il Provinciale mi ha detto che erano abbastanza rigidi e insistenti.

Alla fine della ricerca don Vittorio disse loro: «Purtroppo ai nostri giorni anche fare del bene è un rischio». E loro hanno risposto: «Padre, ringraziamo Iddio che c'è ancora qualcuno che lo fa!».

5

Incontri speciali

Madre Teresa di Calcutta

L'incontro con Madre Teresa, il primo di tanti, è avvenuto a Calcutta, dove ero andato proprio per incontrarla perché ammiravo molto il suo lavoro e il suo impegno. Erano gli anni '80. Arrivato al convento suonai e venne ad aprire una suora. Chiesi di Madre Teresa e la suora mi disse: «Sì, ora l'andiamo a chiamare. È tornata da poco». Poco dopo l'ho vista scendere le scale, piano piano, e poi ci siamo messi a chiacchierare, a lungo. Io le ho raccontato di Londra, dove già c'erano delle comunità delle sue Suore di Carità con cui avrei collaborato in seguito. Madre Teresa mi invitò ad accompagnarla alla «Dea Calì», il centro per moribondi: sono rimasto un po' di tempo lì, scioccato perché non riuscivo a sopportare quella scena, ma quello che mi ha colpito sono stati i volontari – americani, tedeschi, qualche italiano – che aiutavano. Io non sarei capace di fare quel tipo di lavoro.

Successivamente ho preso contatto con le sue suore a Londra e sono diventato uno dei loro cappellani: celebravo la messa e mi invitavano per i loro ritiri a cui partecipavano suore e volontari.

Ogni volta che Madre Teresa veniva a Londra mi avvisavano prima e ci incontravamo.

Ricordo ancora gli incontri con Madre Teresa, la sua figura minuta, con le mani giunte e mentre accarezzava un malato, un lebbroso, un moribondo, un bimbo, segno visibile di una esistenza trasformata da Dio. Nella notte del dolore umano ha fatto risplendere la luce dell'amore divino e ha aiutato tanti cuori a trovare quella pace che solo Dio può donare.

È bello ricordare Madre Teresa con Papa Francesco: «Quante mani ha sostenuto, quante lacrime ha asciugato, un amore nascosto, umile e disinteressato, vite abbandonate e scartate, si è chinata sulle persone finite e lasciate morire, ha soccorso tanta umanità sfinita, sfiduciata e bisognosa di comprensione e di tenerezza».

Quella «piccola matita» quante opere di carità, compassione, conforto e gioia ha saputo scrivere. Ha aperto il suo cuore per guardare le miserie del mondo, accogliere le ferite di tante persone, ascoltare il loro grido di aiuto. Le sue mani hanno stretto le loro mani e le ha tirate a sé, perché sentissero il calore della presenza di Dio. Ella diceva che una delle forme più lancinanti di povertà consiste nel sapersi non amati, non desiderati, disprezzati, nel vivere in un vuoto interiore per aver smarrito il significato e la direzione della vita o trovarsi violentemente colpiti dalla desolazione dei legami spezzati, dalla durezza della solitudine, dalla sensazione di essere dimenticati e di non servire più a nessuno. Madre Teresa ha amato l'umanità con tutti i suoi drammi e stanchezze, aneliti e speranze, valori e fragilità. Diceva che è molto importante per noi capire che l'amore per essere vero deve far male. Ha fatto male a Gesù amarci, gli ha fatto male.

Madre Teresa ha vissuto la notte oscura della fede nella quale convivono l'amore bruciante per il Signore Crocifisso e la tremenda sensazione di Dio e del suo silenzio, altezze e profondità difficili da esplorare. Era sulla terra un segno trasparente che indicava il cielo.

Ha sperimentato l'abbandono, il buio, la desolazione interiore. Senza Dio la «piccola matita» si sarebbe spezzata.

Una delle ultime volte che Madre Teresa venne a Londra fu in occasione dell'inaugurazione a St George's House (nella zona londinese di Elephant and Castle) di un centro per malati di Aids e *homeless* (senza tetto) accanto alla cattedrale cattolica di Southwark. Andavo a celebrare la messa lì e ci mandavo anche alcuni italiani malati di Aids.

Noi aspettavamo Madre Teresa per l'inaugurazione del centro ma lei arrivò con oltre un'ora di ritardo perché sulla strada dall'aeroporto si era fermata a incontrare la principessa Diana nella sua dimora di Kensington. La principessa Diana aiutava molto i malati di Aids.

Madre Teresa mi ha incoraggiato a proseguire nel mio lavoro, mi ha mandato anche le sue suore come aiuto.

Mi diceva sempre: «La gente ci vede, noi Suore della Carità, come buone assistenti sociali perché facciamo del bene, assistiamo i poveri e i malati, ma noi facciamo questo lavoro unicamente perché vediamo, nel volto sfigurato di tante persone che incontriamo, il volto di Gesù Crocifisso sofferente».

Carlo Maria Martini, arcivescovo di Milano

Negli anni di piombo ho stretto un'amicizia profonda con il card. Carlo Maria Martini, arcivescovo di Milano.

In quegli anni ha sempre cercato di dialogare con i giovani che avevano abbracciato la lotta armata. Ogni volta che venivo in Italia per visitare i detenuti nelle varie prigioni italiane, andavo a trovarlo all'Arcivescovado e parlavamo a lungo delle esperienze del carcere.

Martini era molto attento e mi chiedeva tante cose. Nello stesso tempo vari cappellani delle carceri e altri come don Gino Rigoldi, don Luigi Ciotti, fondatore del gruppo "Abele", Ernesto Olivero, fondatore del «Sermig» a Torino e dell'Arsenale della Pace, don Antonio Mazzi, padre Adolfo Bachelet (il cui fratello Vittorio era stato ucciso dalle Brigate Rosse) e io abbiamo iniziato un dialogo di conversione e riconciliazione con Dio, con la Chiesa, la società e le famiglie delle vittime. Un fatto che ricordo, perché fece molto scalpore, fu la consegna, da parte di un ex terrorista, di una borsa piena di armi alla Curia di Milano.

L'ex terrorista era Ernesto Balducchi, ex militante dell'autonomia, che fu uno dei protagonisti della «dissociazione» con cui centinaia di ex militanti avevano preso le distanze dalla lotta armata senza la necessità di denunciare i propri compagni. Balducchi scrisse al Card. Martini una lettera per accompagnare la consegna della «Santa Barbara». «Questo è il segnale – scrisse – che ci affidiamo alle Sue mani per la ripresa del dialogo, interrotto dalle nostre gesta nel clima di scontro degli anni scorsi».

In occasione di ogni nostro incontro il card. Martini mi regalava uno dei suoi libri e ancora ne conservo uno con la dedica: «A Padre Carmelo, consolatore di cuori».

Quando venne a Londra, ospite della diocesi di Westminster, pranzammo insieme. Da notare che in quegli anni Martini era una figura molto criticata all'interno della Chiesa. Una volta io gli dissi «Padre, mi dispiace che vari giornali e varie persone pensano che lei voglia sovvertire la Chiesa e la chiamano Antipapa». E lui, scrollando la testa, mi rispose: «Quanto dolore mi dà quando travisano in questo modo il mio operato con queste assurde idee».

Ricordo che quando andai a Gerusalemme per un ritiro insieme a padre Andrea e a padre Riccardo dalla parrocchia di St. Peter a Londra, telefonai a Martini che all'epoca viveva a Gerusalemme. Ci invitò subito a pranzo e passammo insieme mezza giornata con grande sorpresa di padre Andrea e padre Riccardo che non credevano ai loro occhi per questo incontro imprevisto ma così importante. Sono molto grato al card. Martini per avermi sempre incoraggiato ad andare avanti. Era una figura molto ieratica, solenne, ma nello stesso tempo con un animo bello e aperto ai tempi nuovi della Chiesa, e sempre in ascolto della voce dello Spirito Santo che fa sempre nuove tutte le cose e che noi, spesso immobili e ancorati al passato, facciamo fatica a capire e ad accettare.

Credo che Martini sia stato una grande voce profetica dei nostri tempi.

I Presidenti della Repubblica Italiana

A Londra ho anche incontrato Carlo Azeglio Ciampi in occasione della sua visita ufficiale in Inghilterra, Giorgio Napolitano presso l'ambasciata italiana, sempre a Londra, e abbiamo parlato a lungo, poi ebbi un incontro con Francesco Cossiga a Londra una prima volta e successivamente a Roma a Palazzo Giustiniani al termine del suo mandato. Cossiga conosceva molto bene la situazione di Londra e mi ha detto che frequentava la chiesa di Ely Place dei Padri Rosminiani quando veniva a Londra.

Ho anche incontrato Oscar Luigi Scalfaro a Londra e poi al Quirinale dove ho avuto un lungo colloquio con lui. La cosa che mi colpì fu che alla fine del nostro colloquio lui si inginocchiò davanti a me e mi chiese una benedizione e poi mi disse di pregare per lui perché aveva un incontro molto importante con il CSM. Quando poi non era più presidente venne spesse volte a Londra con la figlia Marianna e una volta celebrai la messa per lui in parrocchia e poi l'ho invitato a fare colazione. Con la mia spontaneità gli ho detto: «Signor Presidente, è avanzata della buonissima pasta e fagioli da ieri. Vorrei offrirgliela». L'ambasciatore mi ha guardato con occhi fulminanti ma il presidente ha risposto: «Padre, non mi tenti». Allora ho riscaldato la pasta del giorno prima e l'ha mangiata con gusto!

Ho anche incontrato il Ministro degli Esteri Susanna Agnelli in ambasciata.

Poi c'è stata la visita storica del card. Agostino Casaroli, segretario di Stato del Vaticano, uno dei migliori diplomatici. Ciò che mi ha colpito di questo uomo è stata la sua grande diplomazia ma anche la sua grande capacità di pastore e il suo cuore grande per gli ultimi. Ricordo che andava spesso a far visita al carcere dei minorenni di Casal del Marmo a Roma.

Voglio qui ricordare anche che il Ministero degli Esteri italiano organizzò anni fa alla Farnesina un convegno sull'emigrazione italiana a Londra. Uno degli aspetti in discussione fu anche come gestire questi giovani che arrivavano a Londra senza un motivo preciso, affascinati forse dalla libertà dei costumi, dalla rivoluzione musicale e dalla possibilità di vivere una vita senza vincoli imposti dalla famiglia o dalla società. Fui invitato a Roma dal Ministero per parlare della mia esperienza con i tossicodipendenti e i carcerati e spiegare la nostra attività. Sono andato lì in giornata, ho fatto la mia relazione al convegno, c'è stato molto interesse per quello che dicevo, ma poi come risultato concreto non c'è stato nessuno sviluppo. Ho raccontato la realtà di Londra, quello che succedeva con i giovani tossicodipendenti, ho presentato i dati, parlando della situazione che io conoscevo sia per la mia frequentazione del carcere sia per gli incontri alla parrocchia di Back Hill. E ho esposto la mia idea su come aiutare questi ragazzi. Ci furono promesse, ma poi non è successo nulla.

Un altro incontro sull'emigrazione a cui fui invitato si svolse al Senato italiano, in una sala molto affollata. Il particolare che ricordo fu la richiesta in portineria di indossare una giacca. Io non l'avevo portata. Così mi accompagnarono in una sala dove erano conservate giacche di varie misure. Me ne fecero indossare una e così sono potuto entrare.

Anche lì ho fatto la mia relazione davanti a rappresentanti del Governo e del Parlamento. Ma anche in quell'occasione tutti i buoni propositi sono rimasti in quella sala!

Poi ci fu un altro incontro a Strasburgo al quale fui invitato da Andrea Muccioli, figlio del fondatore del centro di recupero per tossicodipendenti di «San Patrignano», Vincenzo Muccioli. L'incontro era stato organizzato al Parlamento europeo dove una Commissione di europarlamentari che si occupava dell'emigrazione voleva approfondire il fenomeno della tossicodipendenza nell'emigrazione. E siccome io ero conosciuto a Londra per questo, mi hanno invitato.

Questi sono stati gli incontri a cui ho partecipato a livello ufficiale.

Ho anche incontrato privatamente l'on. Rosa Russo Jervolino, quando era Ministro dell'Interno. Le portai parecchia documentazione sulla questione tossicodipendenti e carcere in Inghilterra. Ma anche lì, purtroppo, non c'è stato seguito!

Anche con un altro Ministro dell'Interno, Mino Martinazzoli, abbiamo avuto incontri in Italia.

Tra le personalità e personaggi famosi che ho incontrato non posso non menzionare le star del calcio: Marco Tardelli, Gianfranco Zola, Roberto Di Matteo, Alessandro Del Piero, Vincenzo Jaquinta, Ruud Gullit, Gianluca Vialli, Claudio Ranieri. Ho anche conosciuto quasi tutti i calciatori della squadra del Chelsea!

E anche cantanti famosi: Little Tony, Miranda Martino, Nilla Pizzi, Pupo, Edoardo Vianello, Iva Zanicchi, Bobby Solo, Boy George, Bob Geldof, Al Bano, e soprattutto Lucio Dalla, che veniva in vacanza in Calabria, al mio paese.

Incontri con i detenuti irlandesi dell'IRA

Andavo nelle carceri di Londra nel periodo difficile degli anni violenti dei «*Troubles*» (così sono stati definiti i conflitti etnico-nazionalistici nell'Irlanda del Nord) e alcuni degli appartenenti all'IRA erano detenuti a Londra.

Erano in carcere a Londra anche i cosiddetti «*Birmingham Six*», un gruppo di nord irlandesi residenti da molti anni a Birmingham, condannati ingiustamente nel 1975 all'ergastolo con l'accusa di aver provocato una esplosione in un pub di Birmingham che causò la morte di 15 persone e numerosi feriti. La loro vicenda fu raccontata dal giornalista britannico Chris Mullin, poi eletto deputato con il Partito Laburista per più legislature, che si dedicò anima e corpo a cercare di far luce su questa vicenda scrivendone in un libro: *Error of judgement: the truth about the Birmingham Six bombings* (Errore giudiziario: la verità sugli attentati dei Sei di Birmingham). Nel libro Mullin asserisce di aver parlato con testimoni che gli avevano detto chi erano i veri autori dell'attentato, ma di non poter fare i loro nomi perché, per incontrarli, aveva dato la sua parola di non rivelare la fonte. Il libro ebbe però successo e cominciarono ad apparire programmi televisivi che insistevano sul fatto che i metodi forensi usati per dimostrare la colpevolezza dei sei malcapitati erano sbagliati. Il governo britannico si vide quindi costretto ad avviare la revisione del processo che si concluse con la completa assoluzione dei «*Birmingham Six*» nel 1991, dopo sedici anni di carcere da innocenti, e la decisione di indennizzarli per l'errore giudiziario di cui erano stati vittime. La condanna, anche contro l'evidenza (quattro dei sei condannati avevano fornito le prove che si trovavano a bordo di un treno diretto a Belfast al momento dell'attentato), era stata emessa sulla base di «confessioni» estorte ai malcapitati in stato di detenzione che a più riprese avevano invece asserito di non saper nulla di quell'attentato. Queste «confessioni» avevano convinto i giurati della loro colpevolezza.

Ho incontrato i cosiddetti «*Birmingham Six*» nelle carceri di Londra. Con alcuni di loro ci furono confessioni e incontri amichevoli. Uno di loro, Richard McIlkenny, ha scritto un libro di poesie in carcere dopo un periodo di forte crisi religiosa che poi lo ha riportato alla fede. La copertina del libro spiega il senso della raccolta di poesie: «Dietro le sbarre ho di nuovo imparato a pregare».

Ho anche un ricordo forte della vicenda dei giovani attivisti dell'IRA in carcere a Belfast che si sono lasciati morire rifiutando il cibo per circa due mesi (il famoso «*hunger strike*»). Era l'inizio degli anni '80. Volevano provare i principi che avevano ispirato la loro azione di protesta politica. Si definivano «prigionieri politici, vittime di una perenne guerra combattuta dal popolo irlandese oppresso e un regime alieno, oppressivo, indesiderato che rifiuta di ritirarsi dalla nostra terra». Questo si legge nel volantino fatto diffondere dalle famiglie dei dieci attivisti: Bobby Sands, Francis Hughes, Raymond McCreesh, Patsy O' Hara, Joe McDonnel, Martin Hurson, Kevin Lynch, Kieran Doherty, Thomas McIlwee, Micky Devine. Sull'immaginetta-ricordo, accanto alle immagini sacre, c'erano le foto dei dieci giovani: il più giovane aveva 23 anni, il più anziano 30. Le parole di Bobby Sands, diventato un po' il leader della protesta, sono durissime: «Io mi trovo sulla soglia di un altro mondo tremante: che Iddio abbia misericordia della mia anima. Il mio cuore è molto in pena perché so di aver rotto il cuore della mia povera mamma e la mia casa è colpita da una pena insopportabile.

Ma ho esaminato tutti gli aspetti e ho tentato con ogni mezzo di evitare quello che è diventato inevitabile e che è stato imposto a me e ai miei compagni in questi quattro anni di nuda disumanità. Io sono un prigioniero politico, sono un prigioniero politico perché sono vittima di una guerra perenne che è stata combattuta dal popolo irlandese oppresso da un regime alieno, oppressivo, non voluto, che rifiuta di ritirarsi dalla nostra terra.

Io credo e affermo il diritto divino della nazione irlandese all'indipendenza e il diritto di ogni irlandese, donna o uomo, a proclamare questo diritto con una rivoluzione armata. Ecco perché sono stato incarcerato, denudato e torturato».

Bobby Sands morì il 5 maggio 1981 nel carcere di Armagh. Fu il primo a morire. Dopo di lui altri tre, poi in luglio altri due e in agosto gli ultimi quattro.

Desideravo tanto visitare il cimitero di Belfast dove erano sepolti i dieci giovani morti per lo sciopero della fame. E ci sono andato quando fui invitato a Belfast per partecipare ad un incontro all'Università di Belfast. Fu veramente commovente osservare le foto di tutti questi giovani e riflettere sulle tante vite spezzate durante quel periodo sanguinoso.

Ricordo che a Belfast sono anche andato nella chiesa dove solitamente si svolgevano i funerali delle vittime irlandesi nel periodo dei «*Troubles*» e per me è stata un'esperienza terribile: in quella chiesa ho avvertito un terribile odore di morte. Sarà stata la mia immaginazione, ma la sensazione è stata agghiacciante.

Con alcuni dei nord irlandesi si creò un buon rapporto in carcere, ma era molto difficile mettere insieme giustizia e violenza.

I membri dell'IRA hanno sempre respinto la definizione di «terroristi». Si definivano *freedom-fighters*, combattenti per la libertà. Tant'è vero che quando è uscito il mio primo libro, *Eravamo terroristi*, nel 1989, che fu tradotto anche in inglese, ho dovuto cambiare il titolo nell'edizione inglese, perché mi rendevo conto che avrei creato dei problemi usando il termine «terroristi», anche se il mio libro non parlava dell'IRA. Il titolo inglese fu *Light from behind the bars* («Luce dietro le sbarre»). Così il libro fu accettato anche dagli irlandesi. Erano anni duri, bombe continue nell'Irlanda del nord e a Londra, c'erano morti tutti i giorni, erano gli anni '80. Visitando le carceri inglesi conobbi alcuni irlandesi che avevano fatto parte dell'IRA e abbiamo iniziato un dialogo. I «combattenti» dell'IRA erano detenuti in una «*special wing*», una sezione speciale del carcere.

Quando ebbe inizio il «processo di pace» nell'Irlanda del nord nel 1994, la NIACRO (Northern Ireland Association for the Care and Resettlement of Offenders, un'associazione nordirlandese impegnata nella difesa dei diritti delle persone a rischio nell'Irlanda del nord e dei prigionieri e delle loro famiglie) organizzò un incontro internazionale all'Università di Belfast sul tema «Liberazione e Reintegrazione dei prigionieri politici nell'Irlanda del nord». Insieme agli irlandesi del nord e della Repubblica d'Irlanda, vennero invitati a partecipare al convegno, che si svolse nel giugno del 1995, esponenti sudafricani impegnati nella lotta all'apartheid e gruppi palestinesi, mentre l'Italia fu rappresentata, oltre che da me, da un ex detenuto di Prima Linea, Mario Ferrandi. C'erano anche attivisti baschi dell'ETA ed esponenti della Repubblica d'Irlanda, e tra i nord irlandesi partecipò anche una rappresentante dell'associazione delle vedove contro la violenza.

Molta attenzione fu dedicata all'Italia: agli irlandesi interessava capire come l'Italia fosse riuscita a sconfiggere il terrorismo. Parlai a questa grande assemblea, dinanzi a molte delle realtà mondiali nel campo del terrorismo internazionale. Avevo preparato tutto l'intervento, pagine e pagine scritte. Al momento di prendere la parola io, che non sono abituato a leggere un discorso, ho preso i fogli che avevo preparato e li ho buttati sul tavolo. Ci fu un applauso perché hanno capito la mia spontaneità nel voler parlare a braccio.

Quindi ho raccontato la mia esperienza nelle carceri inglesi e i miei incontri con vari membri di gruppi terroristici, dalle Brigate Rosse e Prima Linea a coloro che si riconoscevano nelle ideologie fasciste. Ho spiegato che per me l'importante era cercare di capire le motivazioni che li avevano portati ad abbracciare l'idea della lotta armata, pur non condividendo le loro azioni. Ho brevemente illustrato quelli che in Italia chiamiamo «gli anni di piombo», che hanno prodotto tra il 1969 e il 1988 morte e distruzione a cominciare dall'attentato alla Banca dell'Agricoltura a piazza Fontana a Milano nel dicembre 1969 fino all'uccisione del senatore Ruffilli nel 1988. Quasi vent'anni di uccisioni, attentati, esplosioni che hanno portato a condanne per lunghi periodi di detenzione in carceri di massima sicurezza.

Sono stati gli anni della «strategia della tensione», quando le forze sovversive cercarono di interferire nel processo di ricostruzione democratica in Italia fino a giungere all'efferato rapimento del Presidente del Consiglio Aldo Moro e all'uccisione della sua scorta e al successivo assassinio di Moro stesso. Tra tutte queste sofferenze, ho detto, c'è stato però un raggio di speranza grazie anche al lavoro di molti religiosi, compreso l'arcivescovo di Milano Carlo Maria Martini, che hanno iniziato a prestare ascolto a quello che i detenuti dicevano loro in carcere e ai gesti di perdono da parte delle famiglie delle vittime.

Questo ha permesso un cambio di atteggiamento: lo scontro è diventato rappacificazione, l'intolleranza è sfociata nel dialogo. Fu questo il punto che ho voluto sottolineare in quell'occasione: il significato di questo cambiamento si spiegava non solo con un atteggiamento meno rigoroso nei confronti dei pentiti quanto con il nuovo clima che si era creato in alcune prigioni dove detenuti attivisti di sinistra e di destra avevano iniziato ad incontrarsi in luoghi «privati» in carcere per discutere insieme, senza umiliazioni o timori, con spirito di pace e tolleranza.

E ho ricordato il valore dell'attività di giudici come Armando Spataro, ex procuratore di Milano e Torino, che ha scritto l'introduzione al mio libro *Eravamo terroristi, lettere dal carcere*. Armando Spataro ha fatto uno sforzo erculeo per capire come ragionavano questi giovani e per cercare di entrare nei motivi che li avevano spinti a procurare tante sofferenze.

Anche il generale Carlo Alberto Dalla Chiesa cercò di intaccare il mito di inafferrabilità ed efficienza che circondava le Brigate Rosse ed altre organizzazioni eversive riaffermando il primato dello Stato. Era necessaria per questo la piena collaborazione tra le istituzioni, come la magistratura e le forze dell'ordine ma anche di altri settori della società come alcuni intellettuali che non sempre assunsero una chiara posizione di condanna delle azioni violente delle organizzazioni eversive protagoniste del cosiddetto periodo degli «anni di piombo», creando a volte una sensazione di confusione, specialmente negli ambienti universitari e giovanili.

Nella mia esperienza, il generale Dalla Chiesa era diventato una figura quasi «paterna» quando veniva evocato nei miei colloqui con i detenuti politici, perché aveva instaurato un regime di fiducia con molti degli «ex-terroristi». Posso dirlo perché me lo hanno riferito gli stessi detenuti per vicende di terrorismo quando li incontravo nelle carceri italiane.

Per alcuni di loro un nuovo spirito di tolleranza e di comprensione è stato possibile quando hanno aperto il loro cuore alla Parola di Dio che li ha aiutati a rendersi conto delle loro responsabilità nelle azioni terroristiche come veicoli per ottenere la giustizia sociale da loro auspicata e portandoli alla rinuncia alla lotta armata.

Nel mio intervento ho spiegato di aver incontrato alcuni di questi detenuti a Londra e poi in Italia e di aver seguito la loro evoluzione spirituale, il loro cambiamento alla luce della Croce. Le loro lettere pubblicate nel mio libro *Eravamo terroristi* sono la prova di questa trasformazione spirituale. Nel libro ho raccontato non la storia dei terroristi ma la storia delle persone che hanno espresso le loro emozioni: amarezza e risentimento.

Dopo di me, nella stessa occasione a Belfast, parlò Mario Ferrandi che illustrò il succedersi degli eventi dopo il cosiddetto «autunno caldo» del 1969, quando emerse l'attività della destra fascista dando l'avvio a quella che storicamente viene definita la «strategia della tensione». Studenti, sindacalisti e gruppi extraparlamentari (insieme a gruppi legati alle organizzazioni che avevano liberato l'Italia del nord nel 1945) si attivarono con azioni di propaganda da cui nacquero le Brigate Rosse seguite, dopo una serie di suddivisioni, da altre formazioni come Prima Linea e i Nuclei Armati Proletari (NAR).

Ferrandi spiegò ancora l'importanza della creazione nelle carceri delle cosiddette «aree omogenee», sezioni speciali dove i prigionieri avevano un certo livello di controllo che permise un dibattito aperto con rappresentanti politici e intellettuali e qualche volta anche con i familiari delle vittime del terrorismo.

Quello dell'Università di Belfast fu un incontro molto importante che quattro anni dopo portò all'accordo del «*Good Friday*» (il Venerdì Santo del 1998) che puntava a una pace duratura nell'Irlanda del nord.

Il premier britannico era allora il leader laburista Tony Blair.

Nel corso dell'incontro emerse un'affinità di vedute. La tregua così avviata in un certo senso è durata perché nata da una causa giusta.

L'Aids

Ero a Londra all'inizio della diffusione dell'Aids. Ho cercato di capire cosa fosse, per poi poter spiegare come affrontare la malattia, e questo mi è stato utile per affrontare la mia malattia!

Numerosi tossicodipendenti che arrivavano a Londra negli anni '80 erano malati di Aids. Con molta probabilità ha contribuito a questo fenomeno l'abitudine di molti di loro di iniettarsi in gruppo usando la stessa siringa. Un'abitudine che pare fosse molto in voga in Italia e che loro hanno esportato anche a Londra. E questo ha favorito enormemente la diffusione dell'Aids come se fosse una vera e propria epidemia.

Ho assistito il primo ragazzo morto in carcere per Aids in Gran Bretagna. Era italiano.

Il suo caso è stato anche descritto nel *Medical Journal*; siamo alla metà degli anni '80. Ecco il mio racconto:

Il giovane, 24 anni, torinese, tossicodipendente, era stato arrestato a Londra con l'accusa di «*burglary*», furto con scasso nell'abitazione di un cittadino britannico. Alla prima richiesta di libertà provvisoria il tribunale di Londra aveva risposto picche, perché il reato «*is very serious*», è molto grave. Inutilmente John Zani, il suo avvocato di origine italiana, aveva insistito con la Corte che il ragazzo era malato, forse di epatite. Due settimane dopo Zani viene contattato dal «*probation officer*» del carcere di Wormwood Scrubs dove C. era detenuto su sollecitazione del medico del carcere. Il «*probation officer*» è il funzionario del Ministero dell'Interno britannico che si occupa dei detenuti in libertà provvisoria. Una libertà che viene concessa se gli imputati che ne fanno richiesta riescono a trovare un lavoro, un alloggio e almeno un cittadino britannico disposto a garantire la loro reperibilità.
Nel suo caso il carcere si dichiara disposto a scarcerarlo immediatamente e spedirlo allo studio legale di Zani. Ma la sua è una malattia non ancora identificata. Potrebbe essere pericolosa anche per altri. Zani non vuole controfirmare il provvedimento e parte una catena di telefonate: una è per l'assistente sociale presso il Consolato italiano di Londra, l'altra è per me. All'ospedale di Hammersmith confermano il verdetto: Aids per il detenuto, sospetta infezione per i suoi due coimputati. La prognosi è confidenziale: l'infermiere del carcere si rifiuta di rilasciare un certificato ufficiale, si teme panico nell'istituto di pena. Il detenuto è terminale, si sta spegnendo tra dolori atroci.
Al reparto infetti dell'ospedale di Hammersmith mi fanno entrare nella camera super isolata per dargli l'estrema unzione. I due poliziotti di piantone osservano preoccupati quanto sta accadendo. Tre infermiere si occupano della mia «vestizione» sotto lo sguardo degli agenti: prima la maschera, poi i guanti speciali, poi il cappuccio e mascherina per la bocca, poi lo scafandro anticontaminazione. Entro nella stanza dove il giovane sta rantolando. Le infermiere spiegano che dalla mattina non ha più ripreso conoscenza. Gli sono state somministrate solo dosi massicce di morfina per il dolore insostenibile. Una preghiera, poi il segno della croce appena in tempo: il giovane muore pochi minuti dopo.
21 Maggio. Alla breve cerimonia, non si può nemmeno definirla un funerale, ci siamo io e un altro italiano che mi ha accompagnato. Il

cadavere è stato cremato subito con tutti i vestiti e gli effetti personali secondo la procedura di emergenza usata contro il pericolo di epidemie. Le ceneri verranno rispedite in Italia alla famiglia!

Rievoco qui un altro caso tristissimo, quello di un altro giovane tossicodipendente morto nell'anticamera di un ospedale romano dove era stato portato per essere soccorso. Questo ragazzo lo avevo conosciuto in carcere a Londra e poi era rientrato in Italia per essere vicino alla sua bambina. Ecco uno stralcio di un articolo apparso allora:

> «Salvatelo, sta morendo» chiedeva la gente agli infermieri che entravano e uscivano dall'ospedale. Il ragazzo rantolava sulla barella a pochi passi. Una piccola folla si era riunita intorno a lui. La madre, che ha superato gli 80 anni, è stroncata dal dolore: «Mio figlio è morto, la mia vita è finita» ha detto in lacrime sulla porta di casa. Questo giovane, è uno di quelli che don Carmelo ha aiutato e assistito per vari anni a Londra purtroppo caduto anche lui nel tunnel della droga. Ha tentato varie volte di uscirne ma sempre con molta fatica. «Ricordo – scrive don Carmelo – che quando era nel carcere di Wormwood Scrubs mi parlava sempre della sua vita futura. La sua cella era tappezzata delle foto della sua bambina ed era orgoglioso di questa creatura. Io sempre gli ripetevo: "Hai una responsabilità per questa bambina, ha bisogno di te ora che sta crescendo". E lui capiva che era vero. Ma la droga lo stava distruggendo e non riusciva a fare questo passo di ritornare in Italia. La povera madre ha fatto vari viaggi a Londra a trovare suo figlio e io sono testimone di quanta tenerezza e amore ha sempre nutrito per questo figlio nonostante i guai e le sofferenze che lui le aveva creato per tanti anni. Non lo ha mai abbandonato e ricordo tutte le sue telefonate fatte a me per avere sue notizie.
>
> Finalmente era ritornato in Italia e viveva con la sua mamma e la sua bambina. Negli ultimi otto mesi della sua vita era stato seguito in una clinica e proprio il giorno che è morto stava cercando un lavoro. Non si sa esattamente cosa sia successo quella notte. Il ragazzo era uscito di casa la sera e non era ritornato la notte. La madre era preoccupata così pure sua figlia. Ma inutili sono state le ricerche. Era arrivato in

ospedale alle 3,30 portato da un'ambulanza. Perdeva bava dalla bocca, rantolava. Finché la sua voce si è ridotta a un gemito. Un autista della Croce Rossa lì presente lo ha visto spirare».

Ho celebrato il suo funerale alla Basilica di S. Lorenzo fuori le mura, vicino al Cimitero del Verano, a Roma. Questo decesso creò molto scalpore tanto che al funerale arrivarono anche i giornalisti del programma televisivo *Samarcanda* per riprendere la cerimonia e mi hanno intervistato.

Ci sono stati poi alcuni convegni a Londra, specialmente quello organizzato insieme al card. Ersilio Tonini e a don Mario Picchi al Centro dei Padri Scalabriniani a Brixton Road in cui si è cercato di trovare soluzioni al problema della tossicodipendenza.

Ci fu anche un incontro al St. Thomas's Hospital, a cui parteciparono le varie realtà londinesi, per parlare della piaga dell'uso della droga e della diffusione dell'Aids. C'eravamo anche noi della Chiesa italiana di Londra per discutere i problemi della tossicodipendenza e dell'Aids. Era anche presente il dott. Giovanni Rezza del Ministero della Sanità.

Abbiamo poi a più riprese organizzato incontri in tutta l'Italia cui hanno partecipato stuoli di giovani. Abbiamo avuto sale piene, fino a mille persone, incontri con vescovi, autorità, sindaci, parlamentari, studenti: a Bolzano, Milano, Padova, Venezia, Verona, Verbania, Roma, Caltanissetta, Cagliari, Sassari, Ierzu, Lanusei, Crotone, Napoli, Sangineto, e tante altre località.

6
I rapporti con la Chiesa

Da giovane io ho sempre avuto delle riserve sulla Chiesa istituzionale. A me e a tanti altri pareva che la Chiesa fosse sempre dalla parte dei forti, del potere.

Avevo molte riserve riguardo a papa Paolo VI. Solo ora, a distanza di anni, mi rendo conto di quanto questo Papa fosse stato grande e quanto avesse sofferto perché si è accollato il peso della Chiesa di allora, una Chiesa di cambiamenti, di capovolgimento dei valori, di turbolenza.

È una questione di fede, o uno ci crede oppure lotta. Per noi giovani papa Paolo VI era l'espressione di una Chiesa antiquata e lo abbiamo «combattuto». Per noi era un ostacolo. Poi a distanza di anni ho capito la sapienza di quest'uomo che si è trovato in mezzo al guado tra il vecchio e il nuovo, nel dubbio se gestire l'attualità o restare legato al passato.

Eppure Paolo VI era stato il Papa che mi aveva dato il benvenuto subito dopo la mia ordinazione. Serbo di quell'incontro un ricordo bellissimo. Poco dopo l'ordinazione ci fu una udienza con Paolo VI in Vaticano. Io ero in sala con la mia famiglia – mio papà e mia mamma – ed eravamo seduti con amici in prima fila. Il Papa si è avvicinato a noi – mia mamma era molto commossa – e ha detto ai miei genitori: «Grazie per aver donato un figlio alla Chiesa». Queste parole mi risuonano ancora nelle orecchie. E poi ha chiesto: «Da dove venite?». «Dalla Calabria» abbiamo risposto e lui: «Dalla Calabria dove?». «Sangineto» ha risposto mia mamma. Questo dimostra la finezza della persona.

Una ventata nuova poi è arrivata con Giovanni XXIII. A me pareva da giovane che la Chiesa fosse sempre dalla parte del potere, dei forti. Con Giovanni XXIII fu diverso. La sua fu la Chiesa del sorriso. Giovanni XXIII l'ho incontrato insieme con altri confratelli alla canonizzazione di san Vincenzo Pallotti, il fondatore della Congregazione dei Padri Pallottini, il 20 gennaio 1963. Non fu un incontro individuale ma di gruppo.

Quando morì Pio XII a Castel Gandolfo, il 9 ottobre 1958, noi seminaristi andammo a piedi a Castel Gandolfo dal seminario di Rocca Priora dove io mi trovavo in quel periodo.

Giovanni Paolo II è stato il Papa che ho visto più spesso. Conoscevo il suo segretario, mons. Stanisław Dziwisz, diventato poi arcivescovo di Cracovia dopo la nomina a cardinale. Lo avevo incontrato tramite un altro sacerdote, don Rino (che ora è alla «Domus Galileae» in Israele). Andavo a trovare Stanisław ogni volta che venivo a Roma. E siccome io frequentavo le comunità neocatecumenali lui mi chiedeva molte cose su come avvenivano le nostre celebrazioni perché il Papa lo aveva nominato responsabile dei neocatecumenali. Ogni tanto chiedevo a Stanisław Dziwisz di partecipare alla messa delle 7 del mattino che il Papa celebrava in Vaticano. Dziwisz veniva a prendermi al Portone di Bronzo e mi accompagnava.

Poi quando frequentavo gli «ex-terroristi» mi venne l'idea di organizzare con alcuni di loro un incontro con il Papa. Volevo mettere insieme varie realtà del terrorismo per avere un momento di riconciliazione tra la Chiesa e gli ex terroristi. C'erano le Brigate Rosse, Prima Linea, i fascisti e i neri in generale, e le famiglie di alcune delle vittime dei terroristi.

Ne parlai con monsignor Dino Monduzzi, il prefetto della Casa Pontificia che avevo visto varie volte, e così abbiamo organizzato questo incontro con molta cautela per evitare che la notizia trapelasse all'esterno e venisse ripresa dalla stampa.

Fissammo un giorno quando papa Giovanni Paolo II non aveva altri impegni e pensammo di organizzare l'incontro in questo modo: io avrei fatto una presentazione al Papa sullo scopo dell'incontro per avere insieme un momento di perdono e di riconciliazione, poi qualcuno avrebbe raccontato brevemente la sua storia e poi avremmo ascoltato le parole del Papa. Ho incontrato ogni persona che avrei voluto invitare e a ognuno ho detto chi sarebbero stati gli altri partecipanti. Mi ricordo che alcuni di loro, quando ho menzionato i nomi dei «pentiti» che avrei voluto invitare, si sono categoricamente rifiutati di partecipare. Io li ho ringraziati e sono passato ad altri.

L'incontro si sarebbe svolto così: avevo preso contatto con il Centro Giovanni XXIII a Frascati tenuto dai padri Dehoniani. Noi saremmo arrivati la sera prima a Frascati, avremmo fatto una giornata di ritiro con liturgia penitenziale e il giorno dopo saremmo andati all'incontro: ci avrebbero fatto entrare da una porta non aperta al pubblico. È successo che chi si è opposto categoricamente all'incontro fu uno dei parenti di una vittima, con mio grande dispiacere e rammarico. Dopo questo rifiuto, l'incontro è saltato. Mons. Stanisław mi ha però detto: «Aggiriamo l'ostacolo, portali a gruppetti alla messa del mattino del Papa». Io raccolsi un gruppetto di 7 persone. C'erano rossi, neri e la madre di uno dei terroristi. La messa fu molto commovente e il Papa poi ha detto: «Oggi dalla lotta armata passeremo alla lotta spirituale». E mi ricordo che Stanisław disse scherzando: «Attento che non mettano qualche bomba in Vaticano!». Fu un incontro veramente bello e i partecipanti erano tutti molto commossi per questo incontro tra «rossi» e «neri».

Questo fu il primo e unico incontro degli ex terroristi con il Papa. Ho anche le foto. Fu un momento che restò segreto per evitare ogni forma di polemica.

Ho poi incontrato papa Benedetto XVI a un convegno delle Acli. Gli ho dato i miei libri che parlavano delle vicende della droga e del terrorismo e lì ho capito che persona amabile e dolce sia il «Papa emerito», come si interessava a quello che dicevamo noi, se stava con te stava con te e basta.

Con papa Francesco ho avuto vari incontri: la prima volta a Santa Marta quando ero ancora a Londra, nel 2014. Ho concelebrato la messa e abbiamo parlato della parrocchia di Londra e del mio lavoro in carcere. Ho avuto modo di dargli i miei libri, con le relative traduzioni.

La seconda volta ho portato, sempre alla messa a Santa Marta, alcuni volontari della Caritas nel febbraio 2018 quando ero parroco a «Regina Pacis» a Ostia. Lì ho proclamato il Vangelo e dopo il Papa ha voluto avermi vicino a sé per presentargli le 25 persone che avevo portato dalla parrocchia di Ostia.

La terza volta ho avuto la gioia e la fortuna di confessarmi nella Basilica di San Giovanni in Laterano con papa Francesco.

La quarta volta sono stato invitato dalla Segreteria di Stato del Vaticano a pranzo con papa Francesco e con altri sacerdoti (eravamo dieci in tutto).

Ecco la storia di quell'invito: il 18 marzo 2018, la vigilia del Giovedì Santo, mi trovavo nella parrocchia di Ostia. Ricevo una telefonata dalla Segreteria di Stato che mi chiedeva se fossi libero il giorno dopo. Io ho risposto di no perché avevo invitato tutti i parroci di Ostia alla parrocchia «Regina Pacis». E chiedo il motivo della telefonata. La risposta mi ha lasciato senza parole: «Il Santo Padre desidera invitarla a pranzo con lui». Io ho subito risposto che avrei rinviato il pranzo con i parroci. E ho accettato l'invito. «Allora – mi ha risposto il mio interlocutore – ci vediamo domani a mezzogiorno in Vaticano alla Porta di Sant'Anna». Io ero convinto che fosse uno scherzo. Ero incredulo. Comunque il Giovedì Santo mi sono presentato alla Porta di Sant'Anna e a una delle Guardie Svizzere ho detto timidamente: «Ho ricevuto una telefonata per pranzare oggi con il Papa». «Adesso controllo» mi ha risposto. È entrato nel gabbiotto ed è uscito dicendo: «Sì, sì, l'aspettano». Mi hanno accompagnato all'ascensore fino ai saloni ai piani superiori. Mi hanno fatto accomodare in una saletta dove ho trovato altri parroci. Alcuni parroci di Roma li conoscevo. Dopo un po' è arrivato il Papa e ci ha salutato tutti cordialmente e ci ha messo a nostro agio; poi un monsignore mi ha detto: «Padre Carmelo lei è seduto alla destra del Santo Padre».

Siamo andati nella sala da pranzo, molto semplice, io ero seduto accanto al Papa con il mio nome sulla targhetta e abbiamo iniziato il pranzo dopo la preghiera fatta dal Papa. Ogni parroco a turno ha raccontato la sua esperienza. Lui ascoltava, ha una grande capacità di ascolto. Dopo aver raccontato la mia esperienza anche di Londra e della parrocchia di Ostia, gli ho detto: «Padre, le voglio dire una cosa: io sono molto arrabbiato e c'è anche odio dentro di me perché parlano così male di lei». Lui mi fissa negli occhi, mi mette una mano sulla spalla e mi dice: «Non preoccuparti, io sono molto sereno e tranquillo perché io predico il Vangelo». Questa risposta mi ha fatto capire la santità di quest'uomo.

Finito il pranzo siamo ritornati nella saletta, ha regalato dei libri a ognuno di noi, abbiamo fatto le ultime foto, si è congedato da noi ed è andato a fare la lavanda dei piedi del Giovedì Santo al carcere di Regina Coeli. Era il 29 marzo 2018.

Questo fatto mi ha dato tanta gioia e tanto onore. È stata per me un'esperienza unica. E mi son detto: «Perché a me?». Mi è rimasto questo interrogativo. Tra le 200 parrocchie di Roma perché sceglie me? In quell'occasione, don Carlo, parroco della Bonaria, e io abbiamo invitato il Papa a venire a Ostia. Il Papa ha risposto: «Ci pensiamo».

E poi, nel giugno dello stesso anno, appena due mesi dopo l'incontro del Giovedì Santo, papa Francesco è venuto ad Ostia per la Festa del Corpus Domini. Un evento che è stato seguito da tutta la stampa e dalle reti televisive italiane.

7

Il difficile equilibrio tra vecchia e nuova emigrazione

Erano anni difficili in cui si tentava di trovare in parrocchia un equilibrio tra la vecchia emigrazione italiana e una nuova forma di emigrazione che andava sviluppandosi, con l'aumento dei giovani, tra cui numerosi tossicodipendenti, che arrivavano a Londra dall'Italia con il rischio di mettere in un angolo gli emigrati più anziani. Alcuni di questi nuovi arrivi erano tossicodipendenti già in Italia, molti lo sono diventati dopo il loro arrivo.

Questo fu uno dei grandi problemi che mi sono trovato ad affrontare nella mia attività pastorale a Londra: le conseguenze per alcuni giovani dell'uso di droghe, le sostanze chimiche che alterano le capacità di percezione o consapevolezza e che vengono usate chiaramente a danno della società e, ovviamente, di chi ne fa uso.

A poco a poco mi sono accorto che i giovani bisognosi di aiuto diventavano sempre più numerosi. Per molti italiani tossicodipendenti, la prima visita era al n. 4 di Back Hill: chiedevano soldi, qualcosa da mangiare, amicizia, erano senza famiglia e noi eravamo la loro famiglia. «Vai da padre Carmelo e lui ti risolve i problemi» era la frase tipo che si scambiavano i giovani che venivano a chiedere aiuto in parrocchia.

Fortunatamente c'era uno stuolo di volontari che hanno reso possibile questo lavoro impopolare e delicato.

Abbiamo vissuto anni difficili per cercare di trovare un equilibrio tra la vecchia emigrazione italiana e la nuova che si affacciava nelle nostre vite in maniera sempre più invadente. E abbiamo aiutato tanti giovani a rientrare in Italia (quando non erano ricercati dalla polizia) e il costo del biglietto di rientro a volte lo pagavamo noi.

La «vecchia» emigrazione a Londra

I nostri rapporti con gli emigrati tradizionali, quella che chiamiamo «vecchia emigrazione», erano improntati alla massima cordialità. Quando rientravano nei loro luoghi di origine in Italia, per le ferie in estate, o per partecipare alle feste locali o a matrimoni e battesimi, li andavo spesso a trovare se mi trovavo nelle zone dove abitavano perché sentivo il bisogno di questa vicinanza con la gente. Avevo i loro contatti, una telefonata e via, arrivavo a casa loro per salutarli, con grande gioia da ambo le parti.

Sono stato un po' dappertutto in Italia per incontrare questi emigrati italiani «storici». Erano incontri spesso improntati alla massima amicizia, a volte tristi perché venivano evocate persone non più in vita.

I nuovi arrivati con i loro problemi di droga

Accanto a questa emigrazione «tradizionale», a cui noi avevamo dedicato la massima attenzione come parrocchia italiana, vedevo aumentare il numero di tossicodipendenti italiani a Londra con problemi e difficoltà, i decessi per overdose o Aids, e i rientri in Italia, alcuni forzatamente «volontari», quando il governo britannico ha cominciato a ridurre i sussidi, mentre altri tossicodipendenti sono stati espulsi dalle autorità britanniche perché spesso usavano varie identità per approfittare del sistema inglese e prendevano sussidi sotto vari nomi, sfruttando la fiducia degli inglesi e la mancanza di documenti di identità in Gran Bretagna.

Per grandi linee, ecco come si è andata sviluppando l'immigrazione italiana in Gran Bretagna negli ultimi due secoli.

L’emigrazione italiana in Gran Bretagna nel 1800

I primi emigrati italiani arrivarono agli inizi dell’800: c’erano i figurinai toscani (vendevano le statuette di gesso da loro create per decorare le case e gli altari), ma anche, come ci ricorda Pietro Molle nel suo libro *La Chiesa Italiana di Londra* (TAF Editrice e Migrantes, 2014), gelatai, carpentieri, corniciai, fabbricanti di termometri e di barometri (i primi in assoluto in Gran Bretagna), seguiti poi dai suonatori di organetto e dai cosiddetti «senza mestiere». Molti di loro andarono ad abitare in una delle zone più povere di Londra, nelle strade adiacenti Holborn, come Saffron Hill, Leather Lane e Back Hill, zone degradate a ridosso della City di Londra.

Giuseppe Mazzini, arrivato a Londra la prima volta nel 1837, «rimase scioccato nel vedere lo stato di barbarie in cui vivevano gli italiani emigrati nella zona di Herbal Hill e Saffron Hill», tanto che aprì «una scuola gratuita per giovani e adulti operai al n. 5 di Greville Street». Ma questa sua iniziativa fu osteggiata dalle autorità britanniche e anche da quelle religiose.

È alla metà dell’800, esattamente nel 1846, che risale l’avvio della costruzione della parrocchia italiana di Londra, la prima chiesa cattolica costruita appositamente per gli emigrati italiani. L’emigrazione degli italiani nel Regno Unito era stata infatti così importante da giustificare la costruzione di una chiesa cattolica tutta per loro, St. Peter’s Church a Clerkenwell appunto, voluta dal Fondatore della Congregazione dei Pallottini, san Vincenzo Pallotti, e realizzata da due suoi discepoli: don Raffaele Melia, primo seguace del santo, seguito a Londra da don Giuseppe Faà di Bruno.

San Vincenzo Pallotti

San Vincenzo Pallotti era nato a Roma il 21 aprile 1795. Si formò alla scuola dei Padri Scolopi e al Collegio Romano. Si laureò in filosofia e teologia all'Università della Sapienza, e il 16 maggio 1818 fu ordinato sacerdote a San Giovanni in Laterano: il giorno dopo celebrò la sua prima messa nella Chiesa del Gesù a Frascati. Svolse la sua attività a Roma e in alcune città del Lazio, dell'Umbria e delle Marche. Fu zelante apostolo dei poveri, malati, carcerati, e dei condannati a morte. Fu consigliere di papa Gregorio XVI, di Pio IX e direttore spirituale dei seminari romani. Si interessò alle attività dei giovani e fondò associazioni giovanili. Il 4 aprile 1835 fondò l'Unione dell'Apostolato Cattolico chiamando a collaborare non solo sacerdoti e religiosi, ma anche i laici di ogni stato e condizione: tutti potevano essere apostoli, «per accendere, difendere, e diffondere la fede e la carità e propagarla in tutto il mondo». Fondò anche la Congregazione delle Suore Pallottine. Diede un forte impulso all'attività missionaria e affidò l'opera alla Vergine Maria Regina degli Apostoli. Il 22 gennaio 1850 morì a Roma nel convento presso la Chiesa di San Salvatore in Onda. Il 13 gennaio 1887 Leone XIII lo dichiarò venerabile e il 24 gennaio 1932 Papa Pio XI lo proclamò antesignano e collaboratore dell'Azione Cattolica. Il 22 gennaio 1950 Pio XII lo proclamò beato come «onore e decoro del clero romano». Il 20 gennaio 1963, durante il Concilio Vaticano II, di fronte a centinaia di vescovi, papa Giovanni XXIII lo dichiarò santo.

I Padri Pallottini sono presenti in 54 nazioni con circa 2500 membri.

Ricordo qui un aneddoto che riguarda la chiesa di San Salvatore in Onda dove, sotto l'altare, fu sepolto san Vincenzo Pallotti.

Parla di questa chiesa «piccola e raccolta» il regista turco Ferzan Özpetek, innamorato di Roma e che a Roma ha dedicato molti dei suoi film. «C'è un luogo di Roma a cui lei è particolarmente legato?» gli ha chiesto il giornalista Franco Montini de «La Repubblica» (29 novembre 2020). «È una chiesa, una piccola chiesa, ignota anche alla stragrande maggioranza dei romani: San Salvatore in Onda in via dei Pettinari» ha risposto Ozpetek. «All'epoca in cui avevo realizzato il mio primo film, il produttore Marco Risi aveva l'ufficio da quelle parti. Il film *Il bagno turco* stava incontrando delle difficoltà: io ero inquieto e nervoso, e passando per via dei Pettinari, entrare in chiesa e sedermi nel silenzio mi comunicava serenità. Spesso accendevo una candela non per un sentimento religioso ma per il piacere del rito dell'accensione. Poi un giorno dissi fra me: se il mio film va al festival di Cannes, metterò 100.000 lire nella cassetta delle offerte. Il film fu selezionato nella sezione sperimentale di Cannes. Naturalmente corsi a pagare il debito e da allora San Salvatore in Onda è l'angolo romano che mi sta più a cuore».

Le varie fasi dell'emigrazione degli italiani a Londra nel 1900

Per la Gran Bretagna, e soprattutto per Londra, si possono identificare tre fasi dell'emigrazione: dopo la vecchia emigrazione proseguita fino alla metà del 1900, e quella del dopoguerra che ha lavorato sodo e ha aperto ristoranti e negozi, io ho vissuto in pieno quella che chiamerei «la seconda emigrazione» italiana degli anni 1970-2000. In quel periodo, insieme a medici ed esperti di economia e finanza, docenti universitari e ristoratori, stilisti e artisti, sono arrivati tanti giovani tossicodipendenti, che in Inghilterra trovavano la sicurezza a modo loro. E questo è un capitolo molto doloroso che ho vissuto anche nelle mie visite alle prigioni britanniche.

Poi c'è stata una terza emigrazione iniziata verso la fine degli anni '90, quando molti giovani professionisti, specialmente medici, avvocati, ingegneri, architetti, economisti, biologi, ricercatori e docenti universitari sono arrivati in Gran Bretagna a lavorare per strutture e imprese britanniche, non avendo trovato in Italia una occupazione adeguata. Tanti, laureati e diplomati, hanno trovato lì il lavoro che cercavano.

La prima emigrazione nel 1900

Il periodo della grande emigrazione dall'Italia, a cavallo del 1900, vide molte famiglie italiane prendere la via del nord come i genitori di quello che poi diventerà Lord Charles Forte, che dalla provincia di Frosinone arrivarono a Edimburgo nel 1912 quando il piccolo Charles aveva 4 anni. Parecchi italiani, poverissimi, si spostavano a piedi e a tappe. Si fermavano dove trovavano lavoro. Poi andavano altrove quando il lavoro veniva a mancare. Una volta sistemati, chiamavano la famiglia.

Londra, all'inizio del 1900 la città più ricca d'Europa, divenne un grande centro culturale, che attirava gli italiani. Insieme ad operai e manovali, accoglieva anche numerosi artisti e musicisti. Al conservatorio di musica insegnavano vari italiani tra cui Luigi Denza, il compositore napoletano autore tra l'altro di *Funiculì Funiculà*.

Alla parrocchia di St. Peter hanno anche cantato i famosissimi tenori Enrico Caruso e Beniamino Gigli.

Anche Giacomo Puccini era di casa a Londra. In effetti la *Belle Époque* londinese fu anche il frutto dell'innesto di tanti artisti e musicisti provenienti anche dell'Italia.

Per non parlare del famoso antesignano dei «cervelli in fuga», Guglielmo Marconi, che agli inizi del '900 portò in Inghilterra il frutto delle sue ricerche sulla radiotelegrafia e brevettò a Londra il sistema di comunicazione che ha lanciato l'era attuale delle telecomunicazioni. Gli italiani non lo avevano preso sul serio, gli inglesi sì.

Sono arrivati anche alcuni grandi imprenditori italiani mentre altri – già emigrati nel Regno Unito, come il giovane Charles Forte che dalla latteria paterna creò un impero della ristorazione e dell'ospitalità – hanno fatto fortuna. Come i fondatori di *Spaghetti House*, Simone Lavarini e Lorenzo Fraquelli, che aprirono il loro primo ristorante a Goodge Street nel 1955, e molti dei ristoratori di Soho che hanno creato ricchezza e «insaporito» le mense degli inglesi facendo conoscere i prodotti italiani e insegnando ai britannici il gusto della buona cucina.

Durante gli anni del fascismo in Italia erano arrivati in Inghilterra anche i rifugiati politici italiani, ma anche molti manovali, richiesti in alcune zone del Regno Unito dove l'industria delle costruzioni aveva bisogno di mattoni. Gli Italiani allora emigrarono nella zona di Bedford, in particolare, per contribuire a questa attività.

Tante anche le giovani italiane che sapevano cucire e che venivano impiegate nell'industria della moda e della confezione.

Giuseppe Mazzini ha abitato in una strada vicino alla chiesa italiana, c'è la lapide commemorativa. Alcuni anziani che frequentavano la chiesa italiana evocavano l'immagine di Mazzini che passeggiava nella zona, a testa bassa e cappello ben calzato e le mani incrociate dietro la schiena, in quello che era il suo quartiere.

L'Ospedale Italiano

Verso la fine del 1800, esattamente nel 1884, fu anche creato l'Ospedale Italiano che diventò un centro di eccellenza medico aperto a tutti e finanziato con i fondi offerti dagli italiani che avevano fatto fortuna con le loro attività in vari campi, dalla ristorazione alla finanza, dalla costruzione all'arte, dalla scienza alla cultura.

Il pittore che dipinse i ritratti ufficiali della giovane Regina Elisabetta II fu il Maestro Pietro Annigoni.

L'Ospedale Italiano, di cui ero cappellano, era stato fondato dal comm. Giovanni Battista Ortelli, uomo d'affari londinese di origine italiana, per aiutare gli italiani ammalati incapaci di pagarsi le spese sanitarie. Fu gestito all'inizio dalle Suore di Carità di San Vincenzo de' Paoli. Ai miei tempi erano le Suore Comboniane e poi le Suore Elisabettine ad occuparsene. Si trovava in Queen Square nella zona tra Clerkenwell e Holborn. Durante la guerra fu utilizzato per curare i soldati britannici e belgi feriti in guerra. Venne purtroppo chiuso nel 1990.

L'Arandora Star

Parlando della vecchia emigrazione italiana in Gran Bretagna vorrei anche ricordare la vicenda dell'*Arandora Star*, un transatlantico diretto in Canada stracolmo di cittadini stranieri espulsi dalla Gran Bretagna perché sospettati di sostegno al regime fascista. Tanti italiani vennero deportati in Canada benché molti di loro avessero combattuto insieme agli inglesi durante la guerra mondiale e fossero antifascisti fuggiti dall'Italia perché minacciati dal regime mussoliniano. L'*Arandora Star*, in viaggio verso il Canada con il suo carico di europei, fu colpito dal sommergibile tedesco U-47, sotto il comando del capitano nazista Günther Prien. Morirono 865 persone, di cui 446 italiani. Molti di loro erano antifascisti. Ma questo non aveva fatto cambiare idea all'allora premier Winston Churchill che aveva ordinato: «Prendeteli tutti» («Collar the lot» fu il suo ordine), riferendosi agli italiani, senza distinguere tra chi era stato fascista e chi i fascisti li aveva invece combattuti. Bastava essere italiano. Da quel giorno sono passati 80 anni. Era il 2 luglio 1940.

La chiesa italiana di St. Peter ha sempre commemorato questo evento doloroso. Una ennesima storia di emigrazione con tante vittime! Ogni anno il 2 luglio si svolgeva una speciale cerimonia e fino a pochi anni fa alcuni dei superstiti frequentavano ancora la nostra chiesa: io li invitavo a parlare dall'altare e spesso loro piangevano quando raccontavano come si erano salvati. Alla fine è rimasto solo un superstite, poi morto anche lui qualche anno fa. Veniva dalla Garfagnana. Si chiamava Beschizza. Aveva quasi 100 anni. Gli italiani hanno sempre tenuto molto a questo evento, e per ricordarlo all'ingresso della chiesa di St. Peter è stata posta una lapide con la descrizione della tragedia dell'*Arandora Star*.

La seconda emigrazione

Una seconda ondata di emigrazione italiana verso Londra fu quella che ho visto svilupparsi sotto i miei occhi tra gli anni 1970 e il 2000. Vedevo arrivare intellettuali, docenti universitari e ristoratori ma anche tanti tossicodipendenti, scappati dall'Italia e che in Inghilterra trovavano sicurezza a modo loro.

È stato un capitolo molto doloroso. Secondo i vecchi emigrati, i giovani tossicodipendenti che arrivavano a Londra avevano «sporcato» la reputazione della vecchia emigrazione che si era stabilita in Gran Bretagna e in molti casi vi aveva «fatto fortuna». C'era molta animosità tra i due gruppi. Eppure tra i tossicodipendenti figuravano anche alcuni discendenti della più antica comunità di emigrati italiani.

I tossicodipendenti, e specialmente i malati di Aids, sono stati molto aiutati anche da associazioni create a questo scopo in Gran Bretagna che davano loro i soldi in mano, pagavano perfino una persona di «accompagnamento» e l'acquisto di mobili. Ma alcuni dei ragazzi usavano il danaro per comprare la droga. Era una realtà difficile da far accettare agli inglesi. E si può anche capire il motivo dell'ostilità britannica nei loro confronti.

A poco a poco l'emergenza dei tossicodipendenti italiani che abusavano del sistema diventò di dominio pubblico: i giornali inglesi cominciarono a scrivere di italiani che approfittavano della benevolenza del Paese che li ospitava e l'opinione pubblica britannica se la prendeva con gli italiani suscitando anche la reazione degli esponenti della «emigrazione storica», secondo cui si parlava troppo di «drogati» e malati di Aids italiani, mentre l'emigrazione italiana era fatta di gente che il sistema britannico aveva contribuito ad arricchirlo, lavorando sodo. E anche loro dicevano di non sopportare l'idea che alcuni italiani sfruttassero in questo modo il sistema inglese.

C'è un bel libro scritto da uno studioso italiano, Alessandro Forte, che ha fatto una ricerca sugli italiani di Londra e ha incluso nel suo libro *La Londra degli Italiani* anche una mia intervista. Alessandro Forte è arrivato per lavoro a Londra nel 2008, e l'ha raccontata a partire dall'epoca vittoriana con le prime emigrazioni di massa e la nascita di *Little Italy*, la zona dove il romanziere

Charles Dickens aveva ambientato il suo romanzo *Oliver Twist*, il quartiere poverissimo dove imperava la malavita e dove alla metà del 1800 fu costruita la chiesa italiana di St. Peter.

Alessandro Forte dedica un intero capitolo all'attività della chiesa italiana di St. Peter che aveva aiutato i giovani italiani tossicodipendenti, molti affetti da Aids e tra i quali, a poco a poco, sono andate aumentando le malattie mentali «con numeri in crescita di persone che arrivano a perdere la ragione perché preda della solitudine, di impieghi instabili e di difficoltà economiche: anche cinquantenni che scappano dai fallimenti subiti in Italia in ambito familiare e professionale e cercano di rifarsi una vita qui ma rimangono spesso terribilmente soli». «Molto spesso – scrive ancora Alessandro Forte – l'anticamera di tutti i problemi è la solitudine di moltissimi di questi giovani che arrivano per lavorare o per studiare, e invece del paese dei balocchi immaginato si scontrano con una città dura, competitiva, costosa, individualista. Fino a pochi anni fa entravano e uscivano dalle carceri di Londra una media di 600-800 ragazzi italiani all'anno, la quasi totalità dei quali finita dentro per reati legati all'uso di stupefacenti».

All'inizio degli anni Novanta, un servizio della BBC riportava le cifre allarmanti dell'*Italian connection:* erano circa 2500 i tossicodipendenti italiani che vivevano a Londra e almeno il 25% degli spacciatori (o *pushers*) era italiano. Da uno studio comparato del Guy's Hospital sull'argomento (Lipsedge - Dianin - Duckworth, *A preliminary survey of Italian intravenous users in London*, Research Report, Guy's Hospital, 1993) emerge la gravità del problema della tossicodipendenza: «Nel 1989 – si legge nel documento – il numero dei tossicodipendenti italiani registrati presso il Ministero degli Interni britannico è stato di circa 200 con un aumento del 40% rispetto all'anno precedente. Gli italiani, secondo le statistiche, sono il gruppo straniero più numeroso assieme agli irlandesi e rappresentano circa il 3% di tutti i tossicodipendenti registrati nell'area metropolitana londinese. Ma la percentuale dei tossicodipendenti ufficialmente registrati rappresenta solo 1/5 e 1/10 del numero dei cosiddetti "tossicodipendenti con problemi". Se ne deduce che i tossicodipendenti italiani "a rischio" potrebbero superare i duemila. Dei 200 finiti in carcere nel 1989 a causa della loro tossicodipendenza, il 70% era in attesa di giudizio mentre gli altri hanno ricevuto condanne di durata variabile. Ma solo il 40% finisce in carcere per reati connessi all'uso di droghe o spaccio. È quindi ipotizzabile che il numero di detenuti italiani sia più che doppio rispetto alla cifra suddetta».

La terza emigrazione

La terza emigrazione è iniziata all'incirca alla fine degli anni 1990 ed è quella dei giovani professionisti che chiamerei «nuova emigrazione»: sono arrivati avvocati, ingegneri, architetti, esperti in questioni finanziarie, camerieri, infermieri e Londra è ora piena di questi giovani specializzati, oltre alle migliaia di medici italiani al lavoro sia a Londra sia in molte altre zone del Paese. Giovani che in Italia non hanno trovato la loro identità né un posto di lavoro. In Inghilterra si sono specializzati, hanno trovato subito lavoro.

In quel periodo alle celebrazioni della messa domenicale alla parrocchia di St. Peter a Clerkenwell vedevo arrivare un numero sempre crescente di facce nuove di giovani. Non li conoscevo. Mi venivano a salutare e io chiedevo: «Cosa fai? Dove lavori?». «Io sono medico» rispondevano, oppure «io studio alla London School of Economics, io lavoro come cuoco»: erano tutti o professionisti o studenti specializzandi. Questa nuova emigrazione di giovani professionisti è avvenuta in modo molto semplice. Mi sono reso conto che stava nascendo una «nuova» parrocchia. Il volto di St. Peter è così cambiato.

Dopo un po' di tempo ho invitato in chiesa anche le altre missioni presenti a Londra, gli Scalabriniani di Brixton e i preti della missione di Enfield, nel nord di Londra: abbiamo fatto una piccola liturgia insieme e ho chiesto ai giovani presenti cosa si aspettassero dalla parrocchia. Con mia grande sorpresa la maggior parte dei giovani ha risposto: «Noi vogliamo una vita spirituale con la preghiera tutti insieme». Io sono rimasto senza parole. Hanno chiesto di trovare in parrocchia un aiuto spirituale. Tutto qui. Così a poco a poco si è formato un gruppo di giovani, hanno creato anche un coro e alcuni di loro suonavano strumenti musicali: chitarra, tromba, violino. La messa domenicale delle 7 di sera è così diventata *la messa dei giovani*. La sera della domenica la chiesa era strapiena di giovani. Da lì sono nati anche fidanzamenti e matrimoni tra i giovani che venivano da tutta l'Italia, nord sud e isole. Si è creato un gruppo molto forte.

Con questo gruppo abbiamo organizzato nel luglio 2009 un convegno per avviare un progetto europeo per i giovani con le missioni italiane a Londra insieme alla CEI, a Migrantes e alle ACLI. Il convegno l'abbiamo chiamato *Giovani verso il futuro* e abbiamo ascoltato le loro proposte e suggerimenti. Hanno partecipato 80-90 giovani.

Il mio intento era che un giovane che da Londra si spostava per lavoro a Parigi poteva già contare su un punto di appoggio dove trovare una comunità, un ambiente amico. Abbiamo pensato ad un progetto europeo ma il tutto poi è andato scemando e non è mai stato realizzato.

Mentre il gruppo di immigrati dall'Italia (arrivato tra gli anni '70-'90) ha dato fastidio agli italiani di Londra in modo serio ed è stato difficile farlo accettare, questa nuova ondata ha invece cambiato il volto dell'emigrazione italiana a Londra.

8

Il St. Peter's Project e il Centro di Holy Cross

Un ricordo molto bello sono stati per me i gruppi di preghiera che organizzavamo ogni settimana in parrocchia a Londra: spesso invitavo i ragazzi tossicodipendenti a parlare. Sono state raccontate esperienze molto commoventi. I ragazzi sembravano desiderosi di comunicare la loro vita e i loro sentimenti agli altri che si trovavano nella loro stessa situazione: lontani da casa, con una vita difficile alle spalle, spesso carcere e condanne, e le difficoltà a chiudere con la droga.

Lo scambio di esperienze aveva per molti un valore di rinnovamento con tanti buoni propositi che purtroppo si scioglievano come neve al sole quando il bisogno impellente di bucarsi si faceva sentire. Per molti di loro era la droga a dominare la loro vita. Mi rendevo conto sempre di più della difficoltà per molti di uscire dal tunnel. E cercavo altri mezzi per aiutarli.

All'inizio, la chiesa italiana era aperta tutto il giorno, ma questo rendeva la nostra vita nella parrocchia molto difficile, non si riusciva ad andare avanti, la polizia ci teneva d'occhio, ambulanze che arrivavano ogni tanto per prelevare persone in crisi.

Ma c'era anche molto «colore»: erano i punk italiani a «colorare» la nostra parrocchia con le loro capigliature dai colori sgargianti, bulloni e orecchini metallici dappertutto, presentandosi alle nostre serate con pantaloni bucati e gonne lunghe, nere o coloratissime. Era la Londra in cui tutti si sentivano a loro agio e ciascuno era libero di comportarsi e vestirsi come meglio credeva, anche se nel rispetto di regole stabilite. Ma c'era anche il risvolto della medaglia con tanti giovani che entravano e uscivano dal carcere.

All'inizio, quando uscivano dal carcere, i tossicodipendenti li ricevevo nell'ufficio parrocchiale. Molti chiedevano soldi ma noi cercavamo di non darli e preferivamo offrir loro da mangiare.

Le suore di Madre Teresa sono venute a darci una mano quando abbiamo aperto il centro d'incontro per i tossicodipendenti. All'inizio mi avevano detto di non poter venire ma poi ne ho parlato con Madre Teresa che ha autorizzato due suore ad aiutarci in parrocchia. Era molto bello vedere aggirarsi, tra i ragazzi tossicodipendenti e gli ex detenuti, queste suorine timide e solerti, con il loro sari bianco e la fascia blu. Con loro c'erano anche altri volontari: sono molto riconoscente alle mamme e ai papà di famiglia che venivano a dare una mano, anche con molto rischio.

Purtroppo quegli incontri erano come una polveriera: da un momento all'altro l'atmosfera poteva surriscaldarsi e si rischiavano esplosioni di rabbia! A volte facevamo gite in pullman o in treno con gruppi di giovani tossicodipendenti per portarli a vedere alcune delle bellezze del Paese, ma spesso ne combinavano di tutti i colori rubacchiando qua e là e mettevano noi in situazioni sgradevoli dato che eravamo responsabili del loro comportamento in pubblico.

Per sfamare i ragazzi in difficoltà avevo preso contatto con un ristorante in Gray's Inn Road, non lontano dalla parrocchia. Lo gestiva Alessandro Maresca. Gli mandavo i ragazzi per pranzo con un foglietto di presentazione. Questa soluzione andò avanti per un po', poi i numeri aumentarono e quando i ragazzi cominciarono a rubacchiare dalle tasche dei clienti (nei pressi del ristorante c'erano le redazioni del «Times» e del «Guardian» e molti giornalisti lo frequentavano) Maresca mi disse che non si poteva andare avanti così. Allora ho pensato di lavorare come cameriere in un albergo, il *Mount Pleasant Hotel* in Farringdon Road, dove servivo la colazione la mattina per pagare i debiti dei ragazzi che avevo mandato a pranzare al ristorante.

Il problema fu che la gente mi riconosceva. Ricordo due esempi: io andavo a celebrare la messa all'Ospedale Italiano alle 6 del mattino e poi andavo a servire la colazione in albergo. Ci lavorava Giacomo, un mio amico. Parlò con una manager che mi assunse con un *part time job* dalle 7 alle 10.30. Spesso poi andavo a trovare i bambini che venivano dall'Italia a operarsi al *Great Ormond Street Hospital*, un ospedale pediatrico vicino all'Ospedale Italiano.

Un giorno andai a trovare un bambino arrivato dall'Italia per essere operato. Era accompagnato dalla famiglia. Nella stanza del bambino c'erano i genitori che mi hanno guardato incuriositi e mi hanno detto: «Ma noi ci siamo già visti da qualche parte!». E subito dopo: «Ma lei non è quello che ci serve la colazione la mattina?». «Sì» gli ho risposto. E loro, sconvolti: «Ma sei un prete e fai il cameriere?». E io: «E cosa c'è di male? Perché, non si può?». Loro erano imbarazzati.

Ricordo un altro episodio: un signore inglese, che aveva partecipato alla messa inglese in parrocchia, quando mi vide servire la colazione nell'albergo dove era alloggiato rimase molto sorpreso. Alla fine mi chiese: «Ma lei serve la colazione all'albergo?». E io ho confermato. Anche lui era molto sorpreso.

In effetti questo mio lavoro «extra» aveva creato dei problemi dato che don Roberto veniva lasciato solo e la parrocchia soffriva per la mia assenza.

Anche per ovviare a questi problemi nacque il St. Peter's Project, una onlus gestita da volontari che all'inizio aveva sede nella nostra parrocchia.

Così i ragazzi si assiepavano ogni giorno in alcune sale della chiesa al pianterreno, fumavano (e a volte qualcuno si bucava) e capitava che i parrocchiani si vedevano a volte aprire la porta da questi giovani, spesso non molto presentabili.

Una volta a settimana si faceva un incontro di preghiera con cena finale e invitavo anche altri cappellani. Ma poi la situazione è degenerata, i ragazzi continuavano a rubare, non erano più controllabili.

Nei quaranta e più anni che ho dedicato a combattere il flagello della droga, mi sono reso conto della grande difficoltà ad uscirne. Una volta imboccata questa terribile china, quello della droga diventa un mondo pericolosissimo. Vi si aggira gente senza scrupoli che si arricchisce sulla fragilità dei giovani. I mercanti di morte (come io chiamo gli «spacciatori») non si rendono conto del male che stanno creando all'umanità: io penso che siano dei veri e propri omicidi. E a questi signori, che si sono arricchiti a spese di tanti ragazzi, vorrei chiedere a che cosa gli sarà servito tutto questo quando saranno nella bara.

Nella bara gli vorrei mettere tutta la gente che hanno ammazzato vendendo loro le droghe: questa è gente che ha perso la vergogna di vergognarsi. Hanno gestito e gestiscono un giro di denaro enorme, come un pozzo senza fondo. Come dice il Salmo: «Chi ha scavato la fossa, prima o poi ci va a finire dentro lui». Tanto sangue di una intera generazione grida vendetta. È come il sangue di Caino. Papa Giovanni Paolo II diceva: «Verrà il giudizio anche per voi».

Ho conosciuto tanti di questi in carcere: dicevano di essere missionari, loro, benefattori perché rispondevano ai bisogni della gente. Ma come si fa a dire questo quando si tratta di avvelenare tanti giovani spesso inesperti e gettare nella disperazione le loro famiglie?

Soluzioni? Difficile trovarne. Si deve agire attraverso la scuola e le famiglie, ma poi ci sono le cattive compagnie che inducono i giovani a cambiare strada. A mio avviso questa è una battaglia persa che anzi si aggrava sempre di più.

La polizia mi dice che più si cerca di arginare il fenomeno, più trovano altra gente.

Unica soluzione sarebbe quella di cambiare le persone. Ma come? Oggi mi rendo conto più che mai che viviamo in un mondo «malato», e non solo di Coronavirus. Tutto il giro della droga avviene sotto traccia, dei «tossici» e malati di Aids non si parla più, non fanno più notizia. Per l'Aids la medicina ha fatto molti progressi ma la malattia c'è ancora.

La diffusione della droga a mio avviso ha cambiato l'umanità. Pullulavano in Inghilterra i progetti per aiutare i malati di Aids, anche a Londra le autorità e le associazioni benefiche riempivano di soldi chi gestiva questi centri.

Ma dato che il denaro è il motore del mondo di oggi, l'avidità è diventata la radice di tutti i mali. In questo campo devo dire che in Inghilterra c'è molta più attenzione alla persona, al malato, che poi però degenera.

Ci siamo così accorti che il progetto di St. Peter's doveva cambiare sede e quindi è stata creata una struttura giuridicamente riconosciuta dalla *Charity Commission* britannica.

Il Centro di Holy Cross

Quando i problemi del centro creato alla parrocchia di St. Peter divennero troppo seri e non adatti all'ambiente parrocchiale, abbiamo deciso di affittare uno spazio presso la chiesa anglicana di Holy Cross (nei pressi della stazione di King's Cross) che disponeva di salette e di una cucina e gli incontri si sono svolti lì.

Scopo del centro di Holy Cross (nel quale fu trasferito il St. Peter's Project) era quello di far incontrare i ragazzi con problemi offrendo un luogo di serenità, di pace e di dignità a chi viveva in strada o negli «squat» (abitazioni vuote che venivano occupate dai senza tetto altrimenti detti «squatters») e a coloro che entravano e uscivano dal carcere. Alcuni giovani avevano già vissuto in comunità terapeutiche in Italia quando sono arrivati a Londra, poi molti sono morti di overdose in Inghilterra.

A Holy Cross si riusciva a operare in un ambiente più disciplinato anche se i ragazzi continuavano a venire in parrocchia, ma non c'era più quella massa enorme di prima.

Si era creato un bel gruppo di volontari: mamme di famiglia e papà che organizzavano la cucina con molte delle pietanze che la nostra assistente e aiutante tuttofare Onorina aveva preparato nella cucina della chiesa di St. Peter. Tra i volontari c'era anche un tassista, Bill, che veniva a prendere i piatti cucinati da Onorina e li portava a Holy Cross e poi riportava alla nostra chiesa i contenitori vuoti. A livello finanziario ci aiutavano Consolato e Ambasciata italiani e varie associazioni di italiani.

I principi del St. Peter's Project

Si articola in quattro sotto progetti:
- assistenza nelle carceri;
- assistenza ai malati cronici (in particolare di Aids);
- accoglienza (diurna) presso il St. Peter's Centre;
- comunità terapeutica di riabilitazione per tossicodipendenti.

Obiettivi

- offrire appoggio morale ed affettivo a persone lontane da casa e dai parenti e in difficoltà perché ammalate o in carcere;
- creare un centro di prima accoglienza e di aggregazione con connotati positivi per giovani in condizioni di disadattamento sociale o che vivono per strada;
- stimolare i giovani senza gravi problemi, ma desiderosi di inserirsi nell'ambiente lavorativo sociale e culturale inglese, a trovare il proprio orientamento di vita;
- promuovere la riabilitazione di tossicodipendenti e il loro reinserimento sociale incoraggiando o favorendo l'incontro con strutture di assistenza e di riabilitazione (es. comunità terapeutiche in Inghilterra e in Italia);
- promuovere la costituzione di una comunità residenziale di recupero con operatori italiani ma situata in territorio inglese, per l'accoglienza e la riabilitazione di quanti non possono o non vogliono rientrare in Italia;
- offrire assistenza, informazioni e supporto alle famiglie.

Quali sono i problemi di questi giovani?

Ecco i problemi ai quali questi giovani andavano incontro:

- la barriera linguistica che rende difficili soprattutto i contatti di tipo burocratico, legale, sanitario (inclusi contatti con i pur ben strutturati servizi di supporto per tossicodipendenti organizzati dagli inglesi);
- la bassa qualità di vita che favorisce l'emergere di comportamenti emarginanti e di sentimenti di nostalgia e solitudine;
- i problemi di salute cui si accompagna talora la scarsa capacità di trovare appoggio, ma soprattutto di comunicare la propria ansia ed insicurezza;
- l'incontro con il carcere o i problemi con la polizia, con tutta la problematica ad essi connessa;
- i rapporti con le famiglie di origine, che, spesso già difficili, sono resi ancor più complicati dalla lontananza.

Non ultimo, tra i problemi, quello delle malattie, specie per coloro che si «bucavano» in gruppo con la stessa siringa.

Si calcolava, all'epoca della creazione del progetto, che il 30% di quanti si erano sottoposti al test per HIV erano risultati positivi, ma che l'80% di loro non era in contatto con alcuna struttura di trattamento e/o non era iscritto presso un medico di base in Inghilterra.

Uno dei maggiori benefattori del centro è stato Davide Serra, si è fidato di noi, e ha organizzato cene in ambasciata e ogni anno versava somme consistenti che ci hanno permesso di portare avanti il progetto. Per anni abbiamo potuto pagare, grazie a lui, le spese per le comunità terapeutiche dove avevamo inviato i ragazzi italiani tossicodipendenti.

Anche le Acli ci hanno dato un grande aiuto con l'impegno e la dedizione di Lucia Bugitti della sezione scolastica e di Pietro Molle che ci ha sempre dato una mano.

Voglio anche ricordare quando Maurizio Costanzo mi ha invitato a partecipare al suo programma *Buona Domenica* e poi al *Maurizio Costanzo Show*.

Mi avevano consigliato di non farmi strumentalizzare ma invece queste trasmissioni hanno aiutato a far conoscere in Italia una realtà, quella dei tossicodipendenti italiani in Inghilterra, di cui nessuno voleva sentir parlare.

Ne aveva scritto per la prima volta, negli anni '80, una giornalista dell'Agenzia Ansa, Maria Laura Franciosi, che fu la prima a intervistarmi per cercare di capire il problema di tanti italiani in carcere a Londra, poi cominciarono a scriverne i corrispondenti dei giornali italiani da Londra e in seguito i giornali britannici.

Dei problemi degli italiani tossicodipendenti a Londra hanno anche parlato la Rai (specie Rai3), tv locali con testimonianze bellissime e anche dibattiti del pubblico e c'è stato un notevole interesse della stampa (ANSA, Corriere della Sera, Repubblica, Avvenire, BBC).

Sono stati fatti molti incontri con le famiglie, spesso pieni di emozione, e credo che abbiano aiutato molti a capire i problemi della droga e del terrorismo, partendo dalle esperienze vissute.

9

Pericoli in carcere e fuori

Il lavoro in carcere e con i tossicodipendenti è anche un rischio. Trovi gente che sotto l'effetto delle droghe cambia personalità. Questo l'ho purtroppo sperimentato. Non ci puoi fare nulla.

C'era un giovane che mi faceva paura. Era un giovane italiano tossicodipendente che quando andavo a trovarlo al carcere di Wormwood Scrubs gli ultimi tempi mi faceva discorsi strani.

È andato peggiorando fino a dirmi di preparare il mio funerale e mi spiegava: «Tu sei la vittima designata perché io possa compiere la mia missione: unificare l'Italia, fare Milano capitale d'Italia e portare la pace in Palestina». E per questo aveva bisogno di una vittima sacrificale. La sua persecuzione è durata un anno: telefonate, minacce, spesso entravo direttamente in chiesa senza passare per l'ingresso di Back Hill per paura di trovarlo ad aspettarmi in parrocchia. Una volta mi hanno detto che mi aspettava alla porta mostrando ai volontari del centro un coltello che aveva in borsa. Continuava a telefonarmi con l'avvertimento: «Preparati per domani». Sono andato a parlare con amici agenti di polizia. Mi hanno detto: «Non possiamo fare niente finché non sporgerai denuncia». Ma io la denuncia non la volevo fare perché secondo me il ragazzo aveva bisogno di cure.

Un volontario presente la sera in cui il ragazzo ha mostrato il coltello ha chiamato la polizia e il giovane è stato inviato al carcere di Pentonville. Io non sono andato a trovarlo anche se gli altri detenuti mi dicevano che lui voleva vedermi.

Poi una volta l'ho incontrato all'ospedale del carcere, e ho visto che aveva tante frasi del mio libro scritte sulle pareti della sua cella.

Quando lo dimisero, lo inviarono in un centro di cure psichiatriche dove inizialmente è stato bene e non ricordava più nulla degli episodi di violenza. Poi la follia ha ripreso il sopravvento ed è venuto alla chiesa di Back Hill con una fune in mano. Io ho fatto uno scatto e c'erano presenti alcuni volontari. Quando lui fuggiva dall'ospedale psichiatrico i medici ci avvertivano che probabilmente sarebbe venuto in chiesa. In un'occasione si è seduto dinanzi a me e ha detto: «La missione è ferma. Non possiamo più andare avanti così. Dobbiamo agire». E io gli dissi: «Ma perché non ti scegli un'altra persona?». E lui con gli occhi minacciosi: «No, quella persona sei tu».

A questo punto feci uno scatto felino e uscii dalla porta mentre i due volontari presenti lo bloccavano. Sono così riuscito a scappare dall'ufficio. Lui è rimasto sorpreso dal mio scatto che non si aspettava. Fu in quel momento che decisi di partire per l'Italia. E questo per paura, perché io stesso ero sconvolto da questa vicenda e cominciavo a soffrire i sintomi di «burn-out» (esaurimento). I suoi tentativi di colpirmi avvenivano anche di notte. Una volta in chiesa ha rubato una croce e andava in giro con questa croce in spalla a Piccadilly Circus e per tutto il centro di Londra.

La mattina dopo questo episodio, e la mia fuga dall'ufficio, sono partito per l'Italia. Ho chiamato un taxi molto presto per andare alla stazione di Paddington e raggiungere così l'aeroporto di Heathrow. Quando il taxi era già in movimento, con me seduto dentro, ho scorto il mio persecutore che camminava con fare minaccioso, vestito da soldato, avviandosi verso la chiesa. Ma lui non mi ha visto. L'avevo evitato per un soffio.

Per sei mesi sono rimasto in Italia costretto a fuggire da questa persecuzione e non avevo più intenzione di ritornare a Londra.

Qualche tempo dopo mi riferirono da Londra che il ragazzo era stato trovato morto per overdose nel suo «council flat» (alloggio popolare) a Camden Town.

A questa notizia sono rimasto molto addolorato pensando alla tragedia di questa vita perduta che aveva inciso così pesantemente anche sulla mia vita costringendomi alla fuga e causando in me una forte crisi psicologica.

Era il 2001. Sono rimasto via sei mesi, sono andato a vivere a Ostia, nella parrocchia da cui ero partito giovane prete nel 1971, per restare lontano dal pericolo che rappresentava questa persona. Poi sono rientrato a Londra.

Al mio rientro il giornale londinese «La Voce degli Italiani» ha raccontato questa storia, dato che tanta gente chiedeva di me e nessuno sembrava essere in grado di dare risposte. La racconto con le parole del direttore del giornale padre Giandomenico Ziliotto.

«Tutto è cominciato – scrive padre Ziliotto – con la morte improvvisa di padre Roberto Russo, nell'aprile 2001. Per un periodo di vari mesi, circa un anno, p. Carmelo è rimasto da solo. Poi è giunto un prete di sostegno dall'America, padre Carl, che ha resistito solo pochi mesi, infine il crollo di padre Carmelo conclusosi con il suo rientro in Italia il 19 marzo. Nel frattempo l'attività pastorale è stata portata avanti con la collaborazione di altri sacerdoti, alcuni venuti dall'Italia e altri locali, che hanno servito la comunità cristiana di St. Peter. Ora padre Carmelo è tornato, è tornato con entusiasmo per svolgere la sua opera al servizio dei fratelli. C'è da sperare che presto venga affiancato da almeno un altro sacerdote perché in quella chiesa il lavoro è davvero molto. La partenza improvvisa di padre Carmelo ha provocato sorpresa, stupore e tante domande che purtroppo in alcuni casi si sono anche trasformate in gratuite risposte, idiozie, bugie e calunnie. La gente deve imparare a non parlare a vanvera solo per il gusto di chiacchierare. Proprio per questo al suo rientro padre Carmelo ci ha chiesto questa intervista esclusiva, per chiarire pubblicamente i motivi del suo improvviso allontanamento».

- «Il mio travaglio è cominciato con la morte di don Roberto Russo (aprile 2001). La sua morte improvvisa ha provocato in me un trauma psichico e morale. Mi sono sentito solo. Lavoravamo insieme in parrocchia da 25 anni. Di questo ho anche parlato nella lettera del Natale 2001 da me spedita ai parrocchiani e agli amici. Nella lettera scrivevo tra l'altro: "Quest'anno è stato molto difficile e duro. La morte improvvisa di p. Roberto Russo mi ha lasciato sconvolto, la mia debole fede ha traballato ed è stato difficile accettare la volontà di Dio. Ho avuto momenti di dubbio e di rabbia...".

- Il secondo motivo è legato al primo: affrontare una realtà così grande da solo mi ha prostrato. Sono stato un anno intero da solo. Questa parrocchia ha una mole di lavoro enorme e noi non diciamo mai di no. Era chiaro che un solo prete non bastava. E forse i superiori dall'Italia non hanno valutato bene il problema che si era creato e non sono stati in grado di fornire con prontezza soluzioni adatte. L'arrivo di p. Carl dall'America non ha risolto la situazione ed è ripartito.
- Il terzo motivo gira intorno alla figura di un giovane che avevo sempre aiutato e seguito per la sua situazione di disadattamento. Con lui c'è stato sempre un rapporto di stima e rispetto reciproco. Poi è scattato qualcosa e il giovane ha cominciato a minacciarmi, e una volta si è presentato con un coltello nella borsa. Non ho mai voluto denunciarlo ma negli ultimi tempi le sue minacce e la sua presenza in parrocchia avevano creato in me un senso di paura. Nella mia vita ne ho viste di tutti i colori e devo dire che non credo di aver mai avuto paura, fino a quel momento. Le minacce di questo ragazzo hanno cominciato a creare in me molta paura. La sua presenza era diventata ossessiva, continuava a bussare alla parrocchia di giorno e anche di notte. Era disturbato mentalmente e diventava pericoloso. Tre giorni prima di lasciare Londra me la sono vista brutta e solo grazie alla prontezza di riflessi e all'aiuto di alcune persone sono riuscito a uscire indenne da una aggressione. Era diventato un incubo. Il ragazzo faceva uso di droghe pesanti e negli ultimi tempi si era unito a una setta religiosa che sicuramente aveva influito sulla sua psiche. Si era prefisso tre obiettivi: portare la

pace in Palestina, fare di Milano la capitale d'Italia e riunire le religioni del mondo. Per questa missione aveva bisogno di una vittima sacrificale che ricadeva sulla mia persona: ero la vittima designata per l'olocausto. Quando sono fuggito rifugiandomi in Italia il giovane venne convinto dai servizi sociali ad entrare in un ospedale psichiatrico. Purtroppo dopo qualche mese è riuscito a fuggire e l'hanno poi trovato morto per overdose nel suo «council flat». Mi dispiace molto per la sua morte ma per me è stata una vera persecuzione.

- La quarta ragione? Durante questo periodo si era creata nella canonica un'atmosfera di contrasti. Tutti parlavano del caso ma nessuno aveva il coraggio di affrontarlo apertamente. Il mio errore, dovuto forse anche al grande lavoro e alla stanchezza, è stato di non aver capito subito cosa stava succedendo e di non aver reagito con autorità a questa atmosfera. Comunque questa situazione ha provocato in me una crisi sacerdotale. Mi dicevo: "Come faccio a predicare il perdono, la misericordia e il Vangelo in una situazione così ipocrita?". Tiravo avanti travolto dagli impegni e dal lavoro. Poi è venuto a parlarmi qualcuno a nome di alcuni parrocchiani e ha manifestato abbastanza violentemente lo scontento della gente chiedendo chiarezza per i problemi interni. Così ho deciso di partire. Evidentemente la misura era colma.

Il 19 marzo sono andato a Roma nella nostra parrocchia di Ostia. Sono partito senza avvisare nessuno. Nei primi giorni ho avuto continue crisi di pianto, un pianto intenso come non mi era mai capitato prima nella mia vita. Dopo aver parlato con il mio provinciale, don Gaetano Ianni, dal quale ho avuto molto rispetto e comprensione, ho potuto esporre la mia situazione anche ai membri del Consiglio provinciale dei Pallottini che ha subito colto la gravità della situazione. Da qui la decisione di un periodo di riposo per il mio recupero fisico e psicologico. Avevo espresso l'intenzione di non tornare più a Londra. Rifiutavo l'idea di tornare e anche solo di sentir parlare di Londra.

Da giovane seminarista

Da giovane seminarista

Ordinazione Sacerdotale - 1970

Udienza con Papa Paolo VI - 1970

Ordinazione Sacerdotale

Udienza con Papa Paolo VI - 1970

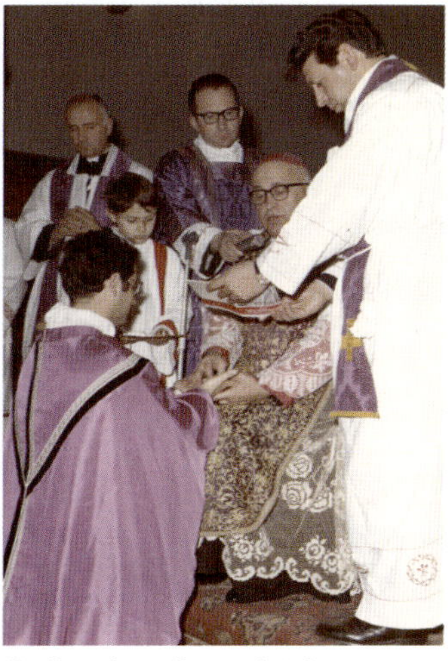

Ordinazione Sacerdotale

Convivenza Itineranti - Porto S. Giorgio

Udienza con Papa Giovanni Paolo II

Udienza con Papa Giovanni Paolo II

Udienza con Papa Giovanni Paolo II in Piazza San Pietro

Convivenza Itineranti

Udienza con Papa Benedetto XVI

Pranzo con Papa Francesco

Udienza a S. Marta

Messa a S. Marta

Udienza a S. Marta

Confessione con Papa Francesco

Udienza a S. Marta

Con Suor Genevieve

Con Madre Teresa

Ritiro Monte Bianco

Ritiro Dolomiti

In una prigione di Londra

In una prigione di Londra

Dietro le sbarre - Londra

A Regina Coeli con il Card. Parolin
Segretario di Stato

In una prigione di Londra

Messa di Natale 2019 a Regina Coeli
con Padre Vittorio e Card. Parolin

ALGERIA - DESERTO SAHARA

ALGERIA

ALGERIA

ARGENTINA

AUSTRALIA

BIRMANIA

BIRMANIA

ARGENTINA

BIRMANIA

BIRMANIA - CON IL TAXI

BOLIVIA - LA PAZ

BOLIVIA

BRASILE

BRASILE STADIO MARACANÃ

BRUNEI

CANADA - LAGO LOUISE

CARCERE DI SEUL - COREA DEL SUD

CINA

DANIMARCA - autostop

DANIMARCA - con la mia ex

GIAPPONE - HIROSHIMA

CINA

CINA

ISOLE FIJI

GIORDANIA

EGITTO

LAOS

INDIA

INDIA

INDIA - CREMAZIONE

HONG KONG

ISRAELE

ISRAELE

ISRAELE

ISRAELE

RITIRO MALDIV

NEPAL

MESSICO

NUOVA ZELANDA

POLONIA
GIORNATA MONDIALE DELLA GIOVENTÙ

PORTOGALLO

POL...
GIOR... MONDIALE DELLA GIOVENTÙ

PERÙ

SPAGNA

TAILANDIA

RUSSIA

RUSSIA

SRI-LANKA

TAILANDIA

SUD AFRICA
Cella di Nelson Mandela

USA

TURCHIA

TASMANIA

VIETNAM -TUNNEL DI CU CHI

TURCHIA

VIETNAM

USA
Meditazione sul Grand Canyon

USA

con il Presidente Napolitano

con il Presidente Scalfaro

con Del Piero

con Di Matteo

con Albano

con Ruud Gullit

con Lucio Dalla

con Claudio Ranieri

con Gianfranco Zola

GERUSALEMME
con il Card. Martini

LONDRA
con Susanna Agnelli

LONDRA
con la principessa Anna

BELFAST

RIMINI - Meeting con Vincenzo Muccioli

con Henry Cooper

PORTO SAN GIORGIO - Itinerante

LONDRA - Messa con giovani

LONDRA - Epifania

LONDRA

150° Anniversario Unità d'Italia

150° Anniversario Unità d'Italia

150° Anniversario Unità d'Italia

150° Anniversario Londra

150° Anniversario Londra

LONDRA
Procession con il Nunzio Ap. Mennini

LONDRA
Natale 2008

LONDRA
con amici punk

LONDRA
con amici punk

LONDRA PARROCCHIA
Beniamino Gigli

Londra - Battesimi

Londra - Celebrazione con il Provinciale

San Vincenzo Pallotti

Ma poi pian piano, con la preghiera e la riflessione, ho pensato che non era giusto che tutta una parrocchia soffrisse a motivo di pochi. Quindi, d'accordo con il provinciale, abbiamo pensato che dopo un congruo periodo di riposo, come suggerivano i medici, poteva essere previsto il mio ritorno a Londra.

- E il quinto motivo? Era legato alla mia salute fisica. Dalle analisi eseguite in Italia sono emersi vari problemi: pressione alta, inizio di diabete, problemi al cuore, allo stomaco e alla prostata. Così è stata presa la decisione di tenermi lontano da Londra per almeno sei mesi, sei mesi che sono stati per me un dono. Ho avuto modo di riflettere, di pregare, di incontrare persone e realtà diverse. Ho avuto modo di incontrare nei loro paesi di origine anche alcune famiglie di nostri emigranti là in vacanza. Con l'aiuto, l'attenzione e l'affetto dei miei confratelli Pallottini, dei medici che si sono presi cura di me e di tanti amici che avevo rivisto, con il silenzio e l'incontro con il Signore nella preghiera e nella natura ho ricostruito quanto si era rotto dentro di me. Questa esperienza non è passata invano».

Al mio rientro il 27 ottobre 2002 ho avuto tanti segni di affetto e ho ringraziato tutti di cuore pubblicamente, e in particolare mons. Luigi Petris, direttore generale di Migrantes che mi è stato molto vicino a Roma e mi ha sempre incoraggiato. E ho ringraziato anche l'ambasciatore d'Italia Luigi Amaduzzi e la signora Giovanna per l'affettuoso personale interessamento e sostegno nei miei confronti.

Nel frattempo al Provinciale dei Pallottini don Gaetano Ianni sono pervenuti messaggi di persone che volevano dimostrare la loro vicinanza e solidarietà. Ed è stata anche istituita, con alcune delle offerte pervenute, una borsa di studio di 3000 euro per quattro anni in memoria di padre Roberto Russo a favore di uno studente pallottino impegnato nella formazione negli studi filosofici e teologici in vista dell'ordinazione sacerdotale.

Questa vicenda ha marcato molto la mia vita: ero crollato e ho ceduto alla paura.

Riporto qui testuali le parole di uno dei più grandi esperti di psichiatria, Fabrizio Schifano, un amico medico che lavorava a Londra, che mi ha detto: «Per fortuna che sei andato via, altrimenti ora saresti sotto terra».

10

Viaggi e prigioni nel mondo

Ho visitato le prigioni in 16 nazioni: *Inghilterra, Italia, Cambogia, Thailandia, Nepal, Cina, Malesia, Macao, India, Corea del Sud, Birmania, Bolivia, Argentina, Scozia, Spagna, Olanda.*

Questi sono gli 84 Paesi che ho visitato:
Algeria, Argentina, Australia, Austria, Azerbaijan, Bahamas, Barbados, Belgio, Birmania (Myanmar), Bolivia, Borneo, Bosnia Erzegovina, Brasile, Brunei, Cambogia, Canada, Cile, Cina, Cipro, Corea del Sud, Costarica, Croazia, Cuba, Danimarca, Dominica, Ecuador, Egitto, Emirati Arabi, Isole Fiji, Francia, Hong Kong, Germania, Jamaica, Giappone, Giordania, Grecia, India, Indonesia, Irlanda e Irlanda del Nord, Israele, Italia, Kenya, Laos, Lituania, Lussemburgo, Maldive, Malesia, Malta, Marocco, Mauritius, Messico, Monaco, Nepal, Niger, Nuova Zelanda, Paesi Bassi (Olanda), Palestina, Panama, Peru, Polonia, Portogallo, Regno Unito, Repubblica Ceca, Repubblica Dominicana, Russia, San Marino, Singapore, Slovenia, Spagna, Sri-Lanka, Stati Uniti d'America, Sudafrica, Svizzera, Taiwan, Thailandia, Tunisia, Turchia, Ungheria, Uruguay, Vaticano, Venezuela, Vietnam.

La mia esperienza di lavoro con l'Abbé Pierre e a Taizé

Ero ragazzo quando cominciai a frequentare i campi di lavoro di «Emmaus». Sono andato con loro in varie parti d'Europa: Francia, Olanda, Danimarca; ho trascinato vari seminaristi in questo scambio di esperienze tra giovani. La gioia di lavorare per gli altri ti faceva sentire utile anche se quello che dovevamo fare era raccogliere la «spazzatura» della gente per renderla riutilizzabile. Ed ero felice di rifornire il centro di bric-à-brac dove la gente veniva a comprare e il ciclo continuava. Avevamo molto il senso della giustizia sociale noi ragazzi, religiosi e non.

I tempi erano diversi allora: la gioventù desiderava aiutare gli altri. Dal lavoro in questi centri è iniziata la mia apertura, la mia visione del mondo.

Una esperienza simile l'ho vissuta a Taizé vicino a Cluny, in Francia. Il fondatore svizzero della comunità di Taizé, frère Roger Schutz, ha iniziato un cammino insieme, radunando esponenti di varie confessioni religiose. Ci sono andato per vari anni e l'ultima volta è stato poco prima di essere ordinato prete. Ricordo gli incontri di preghiera, i canti, sentivo intorno a me un alone di spiritualità. Ogni mattina ciascuna confessione religiosa celebrava la sua eucarestia.

Poi c'è stato il Concilio dei giovani di tutto il mondo. A un certo punto c'era tanta gente che non entrava tutta nella chiesa e allora frère Roger ha fatto abbattere la facciata della chiesa che è rimasta così aperta per tanto tempo. Un gesto simbolico e significativo. Per i giovani questo fu un segno importante di apertura al mondo senza porte. Come la Chiesa che, secondo le esigenze dei tempi, deve adattarsi al mondo. L'abbattimento della facciata è stato interpretato così: quando la chiesa non basta, si abbatte la facciata per far entrare gli altri. Che è un po' lo stesso messaggio di papa Francesco.

Frère Roger fu assassinato da una squilibrata nell'agosto 2005 a Taizé mentre a Colonia si celebrava la Giornata Mondiale della Gioventù insieme al Papa Benedetto XVI.

Il mondo in autostop

Quando ero giovane, era molto comune per i giovani girare con zaino e tenda. Chi lo faceva? Chi amava il mondo. Io ero affascinato dal mondo, con le sue meraviglie, i suoi continenti, le culture, le mentalità diverse. In cerca dell'avventura, ma anche del pericolo, dell'ignoto, dello sconosciuto, del pericoloso, del proibito; mi affascinava l'Asia con i suoi templi, la sua cultura così diversa e contrastante, la fame, la miseria per le strade…

Ero giovane, 17-18 anni, partivo senza una meta, incurante di contrarre malattie. Mi sentivo protetto dai vaccini. Incoscientemente o coscientemente cercavo l'avventura o forse anche il pericolo. Partivo senza lasciare traccia di dove andavo o dove avrebbero potuto trovarmi, spesso mi rendevo conto di quanto ero pazzo e incosciente al ritorno da alcuni luoghi dove ero stato.

Spaziare dal Monte Bianco ai monti della Val d'Aosta, dalle Alpi alle Dolomiti; dal Monte Everest all'Anadapura in Nepal; dalle Ande della Bolivia e del Perù alla Patagonia argentina; dai mari e spiagge delle Maldive a quelle della Repubblica Dominicana o di Cuba e alle isole Fiji; dai Caraibi all'Australia; dai templi di Pagan in Birmania alle pagode del Vietnam; dalle affascinanti e rumorose cascate di Iguazù, nel nord dell'Argentina tra Brasile e Paraguay, alle immense distese della Patagonia e al ghiacciaio Perito Moreno; dalla Piazza Rossa di Mosca alla Città proibita di Pechino; dallo sconfinato deserto del Sahara ai ghiacciai della Terra del Fuoco. Questa era la vita per me!

Anche l'incontro con gli abitanti di tutti questi Paesi è stato per me uno shock: dall'India, piena di contrasti tra grande ricchezza e grande povertà, all'opulenza di Abu Dhabi e Dubai. Dalle rovine delle civiltà Maya e Incas in Messico alla Vergine di Guadalupe a Città del Messico; dalla cultura giapponese molto riservata e precisa con i loro templi stupendi alla sfrenata esuberanza di Manhattan e Hong Kong; dalle bellezze naturali tra ghiacciai, laghi e cascate della Nuova Zelanda ai deserti sconfinati dell'Australia; dalle stupende rovine di Petra in Giordania al commovente Santo Sepolcro di Gerusalemme; dalla Moschea Blu di Istanbul alle moschee del Brunei; dalle tombe dei faraoni e dalle piramidi antiche dell'Egitto agli splendidi templi di Katmandu in Nepal. E aggiungerei ancora, ricordando con dolore, le piazze e le strade di Buenos Aires piene di camionette e di militari al tempo della dittatura e la freddezza dell'Unione sovietica degli anni '70, dalla Piazza Rossa di Mosca dove si affaccia il Cremlino alla sconfinata piazza di Tien an Men di Pechino dove furono uccisi tanti studenti con i carri armati. Io sono arrivato a Pechino due anni dopo l'eccidio di Tien an Men.

Ricordo l'esperienza nel deserto del Sahara nel 1967-1968, prima della mia ordinazione. Partiamo in tre, io con Francesco Zaratti e don Antonio Bernasconi. Siamo partiti per un mese per fare esperienza nel deserto. Abitavamo presso i Padri Bianchi. Partimmo da Algeri con un pullman e arrivammo a Gardaia, l'oasi più grande del deserto.

La mattina sempre nel deserto a pregare: era il deserto roccioso. Abbiamo continuato nel nostro autostop: si fermavano o i camion che trasportavano materiali di ferro da costruzione o i camioncini che vendevano tappeti. Abbiamo fatto centinaia di chilometri nel deserto. Il sole ci cuoceva. Ci fermavamo dove vedevamo dei beduini per bere l'acqua dagli otri degli animali. Lì ho capito che cosa vuol dire la sete. Alcuni di loro ci prendevano ma ci chiedevano di pagare. Per noi era un'avventura. Arrivammo a El Golea, in pieno deserto, dove si trova la tomba di Charles de Foucauld, appassionato di Cristo e del deserto. Fu per noi un gesto commovente giungere fino alla sua tomba, dove deponemmo le nostre offerte. Fu un momento molto emozionante pensando al suo amore per i tuareg, i nomadi del deserto del Sahara, ai quali aveva dedicato le sue energie imparando la loro lingua per poter tradurre il Vangelo per farglielo conoscere. Morì ucciso da un tuareg nel 1916 in quel deserto che aveva tanto amato. Una esperienza indimenticabile fu per me pensare a quello che lui aveva scritto: «Dio costruisce sul nulla. È con la sua morte che Gesù ha salvato il mondo, è sulla nullità degli apostoli che ha fondato la Chiesa; è con la santità e il nulla dei mezzi umani che il cielo si conquista e la fede si propaga».

Una esperienza che è rimasta impressa nel mio cuore.

Poi siamo ritornati via mare a Marsiglia.

Queste esperienze mi hanno dato la voglia di continuare a viaggiare specialmente in Asia, meno in Africa, per paura delle malattie.

Un altro mio viaggio da giovane è stato in Sri Lanka. Trovai un passaggio su un pullman da turismo ma poi mi sono attardato a visitare i templi e il pullman è ripartito e io sono rimasto a terra. Mi trovavo in mezzo alla giungla e in lontananza ho visto una luce. Era la casa di una famiglia e gli abitanti mi hanno detto che c'era un treno il giorno dopo: intorno a me sentivo i rumori degli animali selvatici. Mai ho avuto tanta paura come quella sera, mi trovavo in mezzo alla foresta, nella solitudine, non sapevo dov'ero. Ma sono riuscito ad arrivare alla stazione piccolissima e ho aspettato il treno fino al suo arrivo, la mattina dopo.

In India a Bombay (Mumbai) ho dormito in strada con lo zaino accanto la prima sera dopo il mio arrivo, insieme ad altri ragazzi conosciuti in aereo. E ho girato tutta l'India. Alcune volte ho dormito nei treni abbandonati nelle stazioni.

A Bangkok ero arrivato da Londra e dovevo andare presso un prete thailandese ma era tardi. Ero con un gruppo di ragazzi conosciuti in aereo e siamo andati in un albergo, ma durante la notte abbiamo sentito rovesci di pioggia e siamo dovuti correre fino all'ultimo piano per evitare di essere trascinati via dall'acqua. Non pensavo che il mese di giugno fosse già la stagione delle piogge. Durante la notte hanno bussato in modo molto violento alle porte e ci hanno svegliato: eravamo al pianterreno e ci hanno detto che la stanza era piena d'acqua per la forte pioggia. Ci hanno detto di trasferirci ai piani superiori. Il mio zaino era tutto zuppo. Siamo rimasti nell'albergo tre giorni e tutta Bangkok era inondata e l'acqua ci arrivava fino alla caviglia, non c'erano fognature. L'acqua dalla strada invadeva i piani bassi.

Dopo tre giorni sono andato a trovare un mio amico prete che mi ha mandato a dormire in un convento di suore.

Poi sono andato nel nord fino al «triangolo d'oro» e ho una foto con un «poppy» (papavero) in mano. Era una zona dove lo smercio di droga era molto attivo.

Nel triangolo d'oro andai con una coppia di francesi: ci avevano avvertito che era una zona pericolosa e blindata a causa delle piantagioni di papavero da oppio. Ci avevano consigliato di non portare nulla con noi, né orologi né soldi, per evitare rapine. Quando una macchina ci fermò, tutti noi eravamo terrorizzati di esserci imbattuti in un gruppo di banditi, ma era invece una pattuglia di polizia per chiederci dove andavamo ma anche perché lì vicino c'era uno dei più grossi centri radar. Ci dissero di evitarlo. E ci hanno spiegato come evitare i pericoli della zona.

Un'altra esperienza è stata la «grande barriera corallina» in Australia. Giunti con la nave ci siamo fermati per fare un bagno scendendo dalla nave e io mi sono messo a nuotare ma la corrente mi spingeva al largo e non riuscivo più a tornare indietro. Allora ho chiesto aiuto. Una coppia di turisti ha sentito le mie grida ed è venuta a salvarmi! Poi con un sottomarino siamo andati ad esplorare le profondità del mare e ho visto uno spettacolo indimenticabile.

Altro episodio a Mar de Plata in Argentina. C'era una spiaggia con delle persone e un'altra senza. Allora io sono andato nella spiaggia vuota, ma poi mi sono accorto che c'erano dei mulinelli che mi spingevano al largo e non riuscivo a ritornare a riva. Mi ha aiutato un signore che mi ha visto in difficoltà, si è gettato in mare e mi ha spinto verso la riva.

In Nuova Zelanda ho viaggiato su un piccolo aeroplano da turismo che è atterrato sul ghiacciaio del Mount Cook. Ho adorato quel posto e ho cominciato ad allontanarmi per esplorarlo, ma il pilota mi ha urlato di tornare indietro perché la zona era piena di crepacci. Ero proprio incosciente da giovane!

Quando ho chiesto il visto per andare in Birmania, all'ambasciata birmana a Londra me lo hanno negato per il timore che volessi andare a fare proselitismo. Ma io volevo andarci come turista. Alle mie insistenze, dato che era un mio diritto e dato che avevo il biglietto di andata e ritorno, ho chiesto di parlare con un funzionario in ambasciata e alla fine mi ha fatto firmare un documento in cui dichiaravo che non avrei fatto nessun tipo di predicazione. Alla fine mi hanno dato il visto solo per una settimana.

Avevo l'indirizzo di un vescovo a Rangoon dove potevo alloggiare. All'aeroporto mi sottoposero a controlli rigorosi: mi avevano già avvisato prima di partire che era rischioso cambiare i soldi al mercato nero. Per andare al vescovado di Rangoon ho preso un taxi che mi ha costretto a cambiare i soldi per un equivalente di una piccola somma. Arrivato all'aeroporto, avevo dato come mio recapito la strada dove si trovava l'arcivescovado senza indicare che era la residenza dell'arcivescovo, e quindi mi hanno lasciato andare.

Quando sono arrivato lì, era in corso la conferenza episcopale birmana. Il vescovo di Rangoon mi ha chiesto: «Ma non ti hanno detto all'aeroporto che qui non puoi stare?». Durante la cena abbiamo parlato di varie cose e ho chiesto, facendo finta di nulla, come ci si doveva comportare per il cambio dei soldi. Mi hanno risposto che c'era il divieto di cambiare al mercato nero. Prendo possesso della stanza che mi avevano assegnato all'arcivescovado, mi sistemo, e dopo cena vado a fare una passeggiata nei dintorni.

Quando ritorno trovo la polizia che mi dice che devo lasciare l'arcivescovado: avevano controllato l'indirizzo che avevo dato al mio arrivo all'aeroporto e si sono accorti che era una casa privata. Era vietato alloggiare nelle case private. Mi hanno spiegato che durante il giorno potevo frequentare quella casa ma non potevo dormire lì. Il mio problema era: cosa faccio ora di questi soldi cambiati al mercato nero? Ho pensato di gettarli nel water ma, tirata la catenella, i soldi non scendevamo. Allora li ho ripresi in mano, bagnati com'erano, e li ho messi in tasca. Nel tragitto ho cominciato a frantumare i biglietti gettandoli a pezzi dall'auto.

Arrivo in albergo e lì incontro altri turisti stranieri. Mi sono unito a loro e abbiamo cominciato a parlare del mercato nero della valuta locale. E loro mi hanno detto che tutti cambiano i soldi al mercato nero anche se è vietato. Io mi sono sentito cretino per aver avuto tanta paura. Poi mi sono venduto la camicia e le scarpe perché tutti barattavano. Ho capito che lì più che i soldi avrei dovuto portare abiti e oggetti. Ogni capo di abbigliamento o altri oggetti avevano un valore.

Sono anche andato a trovare l'ambasciatore italiano in Birmania, che è stato molto gentile, un fiorentino, e al ritorno mi ha accompagnato all'aeroporto attraverso i canali diplomatici.

Ovunque andavo mi vestivo come la gente locale.

Spesso partivo senza avere una meta precisa.

Ho fatto un viaggio in Polonia per la Giornata Mondiale della Gioventù il 14-15 agosto del 1991 a Częstochowa. Ero stato invitato a parlare. Dinanzi a una folla immensa ho raccontato la mia esperienza del carcere. Mi hanno dato un «lasciapassare» speciale per accedere al palco da cui dovevo parlare. È stata un'esperienza incredibile parlare dinanzi a milioni di giovani. Ho avuto una reazione positiva da un gruppo di ragazzi che stavano in una tendopoli a 10-12 km di distanza da lì e che mi hanno detto di aver sentito la mia voce dal vivo alla radio durante la cerimonia.

Thailandia

Le esperienze più incredibili le ho avute in Thailandia, forse il Paese dove sono stato più spesso in visita agli italiani lì detenuti.

Mi conoscevano bene all'ambasciata italiana a Bangkok!

In una occasione ho fatto visita a un italiano detenuto in Cambogia. Ma lì non c'era rappresentanza consolare. L'ambasciata italiana di Bangkok mi aveva contattato per informarmi che un italiano era detenuto in un carcere della Cambogia e mi chiedevano, se mai mi fossi trovato lì, di andarlo a trovare. E mi spiegarono che per i permessi mi sarei dovuto rivolgere alla rappresentanza diplomatica francese che copriva anche l'Italia in quel Paese.

I miei viaggi in Thailandia iniziarono dopo aver ricevuto una lettera da un detenuto italiano che avevo conosciuto nel carcere di Brixton a Londra, ma che mi scriveva dal carcere di Bangkok. In quel periodo (era l'inizio degli anni '80) avevano arrestato vari italiani in transito all'aeroporto di Heathrow, partiti da Bangkok e diretti a Francoforte, perché trovati in possesso di eroina. Io mi sono incuriosito e, dato che conoscevo bene questo ragazzo, decisi di andarlo a trovare a Bangkok. Probabilmente gli inglesi controllavano i bagagli anche dei viaggiatori che erano in transito per Londra.

Per molti anni sono andato in Thailandia per visitare le prigioni principali: quella di Bang Kwang, a nord di Bangkok, sul fiume Chao Phraya, il carcere nella zona di Nonthamburi, una grande struttura carceraria fuori Bangkok che raggiungevo prendendo un battello nelle vicinanze del Palazzo Reale, e poi il carcere di Klong Prem, il carcere centrale nel distretto di Chatuchak dove si trova anche il carcere femminile di Lard Yao e infine il carcere Chiang Mai nella zona del «triangolo d'oro» nel nord.

In Thailandia ho alloggiato presso i padri missionari del PIME. Conoscevo l'ambasciatore italiano che mi faceva avere i permessi per le visite in carcere. Con i detenuti italiani sono rimasto in contatto: alcuni di loro sono ora a Roma, alcuni sono padri di famiglia, la loro vita è stata rovinata dalla droga. Io ho molte delle loro lettere ma non ho mai raccontato le loro storie.

Un ricordo indelebile e scioccante è sentire il rumore delle catene che alcuni prigionieri portavano alle mani e ai piedi quando si avvicinavano per la visita. Io ero al di là delle sbarre e non era possibile nessun contatto fisico con loro.

Vorrei scrivere un libro di ricordi sulla Thailandia con tutte le lettere che ho.

In Thailandia ho vissuto una bellissima esperienza che voglio raccontare. Era il febbraio 1995. Sono andato lì con uno scopo preciso: la ricerca di un bambino figlio di un italiano detenuto a Londra e di una donna thailandese. Dopo la loro separazione il padre aveva notizie vaghe del bambino che la madre aveva riportato in Thailandia dalla nonna.

Il padre del bambino mi aveva implorato di cercarlo. Arrivato a Bangkok, sono andato all'Ambasciata italiana e ho spiegato loro il motivo della mia visita e insieme abbiamo cercato di localizzare il villaggio che sapevo si trovava nel nord-est.

Da Bangkok sono andato in aereo fino a Sakon Nakhon. Appena arrivato in aeroporto, vidi un sacerdote e mi sono avvicinato per salutarlo. Con mia grande sorpresa mi ha detto di essere mons. Lawrence Khai, il vescovo di quella diocesi, proprio la persona che io intendevo contattare per chiedergli di aiutarmi nella mia ricerca. Mi ha dato un passaggio nella sua auto e gli ho spiegato il mio tentativo di localizzare un bambino figlio di un italiano, che io conoscevo, e di una thailandese, e lui si è impegnato ad aiutarmi. Ero molto stupito da questa incredibile coincidenza.

Detto fatto, il giorno dopo mons. Khai mi ha messo a disposizione un'automobile e tre preti thailandesi, compreso un vecchio amico, padre Paul, e abbiamo iniziato l'avventura alla ricerca del bambino. È stata un'impresa che ci ha portato attraverso villaggi l'uno più povero dell'altro e che si è rivelata molto più difficile del previsto. Io cominciavo a disperare. Alla fine, dopo aver sbagliato strada varie volte, siamo arrivati in una località sperduta. Ci siamo fermati a chiedere informazioni della famiglia che cercavamo e una persona ci ha detto: «Abitano lì». Non potevo crederci! Davanti a noi c'era una casa di legno e all'interno alcune persone. I miei accompagnatori hanno spiegato chi eravamo e che cosa cercavamo e loro ci hanno fatto vedere il bambino, di tre anni, che stava dormendo in un'amaca sospesa tra due alberi. Quando l'ho visto mi sono commosso. Un bambino stupendo. Dormiva pacifico. La nonna l'ha svegliato e gli ha dato i regali che il padre gli aveva mandato attraverso me. Siamo rimasti alcune ore e ho visto che il bambino era un po' triste ma in buona salute. L'aiuto dei preti thailandesi che mi avevano accompagnato era stato indispensabile. Senza di loro non sarei mai riuscito a trovare il bambino per poter rassicurare il padre sulle sue condizioni. Nel complesso quindi è valsa la pena di fare tanti chilometri per questo incontro.

Gli incontri con i detenuti italiani in Thailandia hanno avuto tutti un seguito perché mi hanno fatto tante richieste che ho cercato di esaudire. Mi chiedevano specialmente di prendere contatto con le famiglie in Italia. Come sempre in queste occasioni emerge l'importanza dei rapporti con i genitori, le mogli, i familiari in genere. Dietro queste richieste tante storie, tante lacrime, tanti dolori. L'ultima volta che sono andato in Thailandia sono ritornato con il cuore gonfio di pena, molto più triste delle altre volte, perché ho toccato con mano la solitudine di questi ragazzi, quasi abbandonati a sé stessi.

Ho incontrato varie volte don Pierino Gelmini, fondatore delle «Comunità Incontro», e sono andato a visitare un centro che lui aveva aperto fuori Bangkok, una comunità con molti giovani ma che accoglie anche adolescenti e bambini orfani, non solo tossicodipendenti.

Ne ho parlato anche al cardinale Michael Michai di Bangkok, che mi ha invitato a cena una sera. Mi ha accolto molto bene, abbiamo parlato del problema delle carceri e di questi ragazzi bisognosi di attenzione e calore umano. Al cardinale ho anche detto che questi detenuti vivono nell'indigenza più assoluta, e che avrei tentato di creare un fondo per i carcerati in Thailandia, per aiutarli anche materialmente, perché lì dentro senza soldi muoiono di fame. È un problema molto grave e molto serio.

Tornato in Italia, ho poi preso contatto con le loro famiglie e sono stati felicissimi di avere notizie, specialmente le mamme.

Il carcere di Seoul

In Corea ho fatto di tutto per andare a visitare i prigionieri in carcere, ho preso contatto con la Diocesi. Ero andato in Corea con un altro prete, don Francesco Sandrin di Padova, e fu un prete coreano ad aprirci le porte del carcere attraverso qualcuno che conosceva. Il direttore del carcere ci ha ricevuti nel suo ufficio e ci ha offerto tè e biscottini. Poi l'incontro si conclude e lui ci saluta. «Ma io vorrei visitare il carcere e i detenuti» gli ho detto. E ho aggiunto: «Dio gliene sarà grato per quanto lei farà per noi». Lui ha capito e ci ha accompagnato a visitare il carcere: mi ha colpito vedere che quando passavamo per i corridoi i detenuti si giravano contro il muro. Quando poi siamo usciti ci hanno salutato con tutti gli onori come se fossimo delle autorità!

Il mio viaggio in Sudafrica

Sono sempre stato attratto dalla figura di Nelson Mandela per tutto quello che ha fatto. Quando sono andato in Sudafrica ho voluto visitare il carcere di Robben Island dove Mandela era stato detenuto per tanti anni. Fu emozionante per me entrare in quel carcere, vedere la cella dove Mandela aveva vissuto e il cortile dove lui passeggiava. La prigione è gestita ora dagli ex prigionieri che erano stati lì detenuti. Un ex carcerato ci ha spiegato come funzionava il carcere e ha ricordato quello che faceva Mandela. Fu una esperienza veramente bella.

Questo è stato l'aspetto positivo della mia visita, ma in Sudafrica devo dire che ho trovato molta violenza. Io abitavo a Belhar presso una famiglia di sudafricani in una zona ad alto rischio per le rapine.

La mia visita in Argentina

Sono andato in Argentina la prima volta nel 1974 per rivedere due miei fratelli, zii e cugini e nipoti, emigrati lì da Sangineto nel 1952.

Due anni dopo la mia visita, la giunta militare prese il potere in Argentina con un colpo di stato il 24 marzo 1976, destituendo il governo di Isabelita Peròn, e, fino al 1983, il Paese fu guidato da diversi generali, il primo dei quali fu Jorge Rafael Videla che governò per cinque anni. I miei parenti mi raccontarono in seguito che in quel periodo si vedevano per strada camionette della polizia, carri armati, non potevi fermarti a parlare con più di una persona, tre persone non potevano parlarsi in pubblico. Un regime molto duro e la gente aveva paura di parlare.

In quegli anni furono assassinate 30.000 persone e 50.000 vennero imprigionate. Questi crimini, tenuti segreti per non allarmare la popolazione (le vittime vennero chiamate «desaparecidos»), ed evitare pericolose reazioni internazionali, erano perpetrati nella maniera più efferata: le persone venivano arrestate, detenute in strutture illegali, torturate, uccise, e i loro corpi fatti sparire.

Una delle pratiche diffuse era quella di gettare dagli aerei i prigionieri, vivi e legati, nell'oceano.

C'erano continui scambi di informazioni con le altre dittature del cono meridionale («Operazione Condor») in Cile, Argentina, Brasile, Paraguay, Uruguay e Bolivia.

In Cile, Pinochet adottò il terrorismo di Stato come pratica sistematica. Nel 1973 ci fu il colpo di Stato militare: migliaia di persone scomparvero nei campi di concentramento segreti, dove furono torturate e assassinate. I successivi sette anni della dittatura militare furono caratterizzati dalla sparizione di persone, detenzioni illegali e torture. Soprattutto contro esponenti di sinistra, artisti, studenti e intellettuali, così che migliaia di cileni cercarono rifugio all'estero.

In Brasile il colpo di Stato avvenne nel marzo 1974 e il regime durò per circa venti anni: assenza di libertà politica, decine di migliaia di cittadini arrestati, interrogati e torturati dalla polizia, di molti oppositori al governo ancora si ignora dove siano finiti.

In Paraguay il colpo di Stato c'era stato nel 1954: il generale Alfredo Stroessner aveva instaurato un regime dittatoriale durato 45 anni, con persecuzioni accanite degli oppositori politici, detenzioni arbitrarie, torture fisiche e psicologiche ed esecuzioni illegali.

Durante una mia visita successiva in Argentina venni informato di un terribile massacro di sacerdoti avvenuto nel 1976, il 4 luglio a Buenos Aires. Tre sacerdoti della congregazione dei Pallottini e due seminaristi vennero assassinati nella chiesa di San Patricio dove risiedevano (padre Alfredo José Kelly, padre Pedro Eduardo Duffau, padre Alfredo Leaden, e due seminaristi, Salvador Barbeito Doval e Emilio José Barletti). La loro vicenda è stata recentemente raccontata in un film di Juan Pablo Young e Pablo Zubizarreta. Siamo tutti in attesa della beatificazione di questi martiri Pallottini che purtroppo tarda a venire e che fu già avviata dal card. Jorge Bergoglio prima che diventasse papa Francesco.

Per me fu molto commovente visitare la stanza del massacro. Non si sa ancora oggi chi siano stati gli assassini. Era un sabato notte. Nella stanza si vedevano ancora i fori dei proiettili. E il tappeto, tutto perforato dai proiettili, è stato esposto sul muro della stanza, ancora con le tracce di sangue. Sono pezzi di storia che non si possono dimenticare.

Mio fratello raccontava che quando andava al lavoro la mattina spesso trovava per strada i cadaveri della gente uccisa in nottata.

In Argentina sono anche andato a visitare un centro dove avvenivano le torture. Lo hanno aperto al pubblico e lo fanno visitare. Per me è stato uno choc rivivere quegli anni terribili attraverso queste visite e i racconti di come si viveva male. Dovevi stare attento a parlare perché c'era l'incubo e il terrore che dappertutto ci potessero essere telecamere che registravano tutto quello che dicevi e seguivano i tuoi movimenti.

Anche nella guerra delle Malvinas (Isole Falkland per i britannici) molti italo-argentini sono morti. Ricordo il massacro della nave *General Belgrano* che fu silurata dalla Marina Britannica. Nell'elenco delle centinaia di vittime, moltissimi erano i nomi italiani. Emigrati, o figli e nipoti di emigrati italiani. Alle Malvinas si moriva spesso anche di fame e di freddo. I militari inglesi avevano pietà di questi ragazzi argentini.

Gli incontri in Uruguay

Altro ricordo fu l'Uruguay: ci andavo perché lì vivevano altri miei zii e cugini. C'erano anche i Padri Pallottini lì. Era il periodo dei *tupamaros*. Sono andato a Montevideo. Tanti emigrati venivano da Sangineto, il mio paese in Calabria, un paese bellissimo, ma senza lavoro. E tanta gente è partita per lavorare altrove.

In Uruguay ho avuto un primo incontro con i *tupamaros* usciti dal carcere: ne ho incontrati alcuni nella casa di mio zio, insieme a due miei cugini che simpatizzavano per loro. Fu un incontro bellissimo. Un ragazzo uruguayano loro amico (ex *tupamaro*) mi ha spiegato le torture che avevano inflitto a lui e agli altri.

A quei tempi era proibito incontrare persone come lui in Uruguay. Il suo racconto è stato terribile: le torture fisiche si aggiungevano alla tortura del *waterboarding*, quando ti infilavano con la testa nell'acqua coperto da un cappuccio. Erano cose terribili, torture che ti portavano alla pazzia. Gli ho chiesto di cantarmi alla chitarra alcuni canti sulla lotta armata che aveva composto lui. Poi mi ha dato alcuni documenti che non erano pubblici ma interni al loro ambiente. Ma mi ha detto: «Io ti do questi documenti manoscritti, ma devi stare attento a non farteli trovare addosso». Io dopo l'Uruguay sono andato in Bolivia e in Perù. Lui mi aveva detto: «Tu devi stare attento, perché se vai in altri Paesi e se ti fermano tu non devi parlare, altrimenti non portare questi documenti, perché ti possono mettere nei guai e ti faranno fuori». Io ho messo i documenti nelle mie scarpe (ho conservato tutto). Poi mi ha dato la cassetta dove lui aveva registrato i suoi canti rivoluzionari.

Quando mi hanno fermato in Bolivia, altro Paese a rischio in quel tempo, non hanno trovato i documenti ma hanno visto la cassetta e mi hanno chiesto: «Cosa è?». Ho risposto: «Canti folkloristici», e così sono riuscito a portarla fino a Londra. Anche in Brasile successe la stessa cosa, ma la cassetta è rimasta con me.

Come mai non mi hanno fermato? Forse perché io portavo, tra i documenti che avevo su di me, una foto che mi ritraeva con papa

Paolo VI e questo mi ha salvato. Un po' di mesi dopo, mia cugina Nina mi ha scritto dall'Uruguay per dirmi che dopo quell'incontro la polizia aveva scoperto tutto, sono andati a casa di mio cugino e lo hanno arrestato, mentre un altro suo amico era riuscito a scappare in Argentina. Mio zio intanto, quando noi abbiamo fatto quella riunione a casa sua, ha avuto il sospetto che non gliela raccontavamo giusta. Si chiamava zio Saverio e la moglie era zia Rosina. Era un mondo terribile. A mio zio non hanno fatto niente, ma mio cugino è rimasto in carcere alcuni mesi.

La mia esperienza in Vietnam con i terribili ricordi della guerra

Altro viaggio memorabile fu il Vietnam. Era un Paese che da sempre volevo visitare perché ho seguito sempre con interesse la guerra terribile che lo ha martoriato. È un Paese che mi è entrato nel cuore, bello, panorami stupendi con gente meravigliosa. Ho fatto due bellissime esperienze: una messa, a cui ho partecipato da fedele nella cattedrale di Ho-Chi-Minh, che mi ha fatto toccare il cielo con un dito, una liturgia celestiale, tutti i giovani vestiti di bianco, uno spirito meraviglioso. Lì ho potuto vedere la sofferenza di questo popolo ma anche la sua rinascita.

La seconda è stata la visita ai cunicoli nella foresta dove avvenivano gli scontri militari. Le persone entravano in questi cunicoli, da loro costruiti, che erano strettissimi. Strisciandoci dentro si arrivava sottoterra fino ad una stanza dove c'era il quartier generale dei Viet-Cong. Lì si tenevano gli incontri militari. Sottoterra. La guida ci raccontava delle trappole che mettevano nella giungla infestata dai serpenti: le trappole erano piene di punte acuminate e quando ci si cadeva dentro il corpo veniva infilzato, come sulle punte delle inferriate. Questo mi ha portato a considerare quanta sofferenza questo popolo abbia dovuto subire.

Cambogia

Nel 1975 i Khmer rossi instaurarono un regime di terrore per quattro anni con la morte di 2 milioni di persone. Guidati da Pol-Pot, i rivoluzionari torturarono e assassinarono in maniera sistematica la popolazione civile che obbligarono a vivere nei campi e a spogliarsi delle loro proprietà con l'obiettivo di costruire una nuova società completamente agraria e egalitaria. Ottenevano le confessioni dei prigionieri tramite terribili e crudeli torture: bastonate, elettroshock, e annegamenti simulati. Ho potuto vedere tutte queste immagini nei luoghi delle torture e gli strumenti usati per torturarli.

Da giovane avevo sempre seguito con molta pena le notizie che venivano da quel mondo ricordando gli eccidi di Pol Pot.

A Londra il Console italiano o l'Ambasciatore italiano mi avevano chiesto di andare a visitare un detenuto italiano in Cambogia. Ma l'Italia non aveva rappresentanza diplomatica in Cambogia, e quindi ho contattato l'ambasciata francese. Così nelle prigioni di Phnom Penh mi accompagnò il console francese.

Non esprimo nessun giudizio sulle condizioni carcerarie di quella prigione. Devo fare attenzione. Ma le cose bisogna dirle. Ho fatto l'incontro con l'italiano di cui le autorità italiane mi avevano dato il nome e poi sono andato via.

Sempre in Cambogia sono andato a visitare uno dei centri in cui avvenivano le famose torture e un enorme mausoleo. Nel cimitero lì accanto si vedono spuntare dal terreno pezzi di membra umane, i piedi per esempio: non sono nemmeno riusciti a seppellire bene i morti. Un particolare che mi ha molto turbato, una specie di museo dell'orrore in un luogo che dovrebbe essere di ricordo e di rispetto. E invece vedi spuntare le ossa dalla terra.

Gerusalemme

Nel 2015 ho avuto la fortuna e la gioia di vivere per qualche mese a Gerusalemme presso i Francescani della Custodia di Terra Santa.

C'ero stato già varie volte in Terra Santa, ma questa esperienza mi ha marcato per la vita. Vivevo con i frati e celebravo alle 6.30 di mattina la messa in francese presso le Suore di St. Joseph vicino allo Jaffa Gate. Ogni giorno ero al Santo Sepolcro per le confessioni e siccome era il periodo pasquale c'era un'affluenza di gente da tutto il mondo che parlavano tante lingue.

Ogni volta che entravo per quella porta mi trovavo davanti subito la lastra di marmo dove Gesù fu deposto dopo la Crocifissione e poco più in alto il Monte Calvario. E lì accanto una piccola cappella dove la Vergine Maria con le pie donne assistette alla Crocifissione di suo figlio e più avanti il Santo Sepolcro. Il confessionale era quasi attaccato al Santo Sepolcro e per me è stata un'esperienza di grazia e di consolazione ascoltare tante confessioni e pronunciare le frasi del perdono di Dio che avevano più forza in quel luogo santo.

Ho avuto il privilegio di celebrare tutte le feste pasquali con orari molto strani a causa dello *status quo* tra le varie confessioni religiose. Era un susseguirsi continuo di canti e di preghiere che a volte si accavallavano fino al punto che non si capiva più nulla della celebrazione dei vari gruppi: gli ortodossi, gli armeni, i copti, i siriaci, e gli altri. Ho vissuto queste celebrazioni in un modo divino, trascendentale, che non si può descrivere. Cercavo anche di avere un rapporto con le varie confessioni presenti al Santo Sepolcro. Durante le feste pasquali c'è l'usanza di scambiarsi gli auguri. Allora ogni patriarcato parte in processione dal proprio luogo per le stradine di Gerusalemme per raggiungere un altro patriarcato. Tutto in modo solenne e molto ieratico. Ci si saluta, i due Patriarchi fanno un discorso di benvenuto e di auguri, una preghiera e poi un piccolo rinfresco. Ho trovato questa tradizione splendida e piena di significato per arricchire la vita spirituale delle varie confessioni cristiane, in passato in contrasto tra loro.

Sono partito con il cuore in lacrime quando è finito il mio soggiorno e Mons. Pier Battista Pizzaballa, ora nuovo patriarca dei Latini di Gerusalemme, e allora custode di Terra Santa, mi ha chiesto se volevo restare definitivamente a Gerusalemme. «Padre, io vorrei morire a Gerusalemme» gli ho detto. E lui mi ha risposto: «Tu pensa a morire e alla tomba ci penseremo noi».

Ho vissuto un clima di grande fraternità con i frati e con tanti altri che erano di passaggio alla Custodia. Il guardiano, Frère Stéphane, mi ha accolto con grande affetto e così tutti gli altri frati.

Gerusalemme è per me il punto d'incontro dell'umanità intera dispersa e in cerca di unità che pone tre grandi interrogativi: da dove vengo, chi sono, dove va la storia? È la città delle origini, delle radici, delle fonti, dell'avvenimento, del passato, della storia, patrimonio dell'umanità, la città della fede, dell'uomo che accoglie la Parola, la presenza e il dono di Dio, ma è anche la città del rifiuto che uccide i profeti, e città attuale dell'uomo di oggi, una città che, divisa nei cuori, cerca la sua vera unità: sofferente cerca la pace, una città per due popoli e tre religioni, particolare ed universale, fra la nostalgia del passato, l'appello al futuro e la problematica convivenza di genti e culture.

Città della carità, dell'attenzione all'altro, del dialogo, ma anche della violenza e delle contraddizioni, città simbolo che ti rimanda al futuro, non la puoi trattenere e non ti trattiene, non puoi possederla ma ti possiede, una terra carica di storia, piena di contrasti e ricca di contraddizioni, dominata più dalla violenza e dalla intransigenza che dalla pace e dalla concordia. Ma anche con esperienze positive, con uomini e donne di diverse culture, lingue, visioni politiche e varie religioni. Città dove trovi un sepolcro vuoto che ti ricorda che il Signore glorioso è ormai in te, in tutti, dappertutto. È città della fede, speranza e carità, della unità nella diversità, città particolare al servizio dell'universale, rispecchia i problemi e le aspirazioni dell'uomo, offre fermenti di soluzioni e luci di speranza, è una cellula concentrata dell'umanità, è il simbolo di raduno, di unione e di pace per tutta la famiglia umana. «Gerusalemme è un dono di Dio per l'unità della famiglia umana, cammineranno le nazioni alla sua luce» (Is. 60,3).

La mia esperienza a New York

Nel corso del «cammino» – intrapreso undici anni prima a Londra nella parrocchia di St. Peter e poi trasferito alla parrocchia degli Angeli Custodi a Mile End – come itinerante ho fatto catechesi in varie località della Gran Bretagna: Stoke-on-Trent, Birmingham, Liverpool, Blackpool, Preston, Bristol, Cheltenham, Manchester, Bedford, Wigan, Coventry, Wolverhampton, ecc., ma alcune volte sono andato anche all'estero. Una volta fui destinato a New York con altri.

Fui inviato ad annunciare il Vangelo insieme ad un altro neocatecumeno, Maurizio. Non ho capito al momento perché fosse stato deciso di inviarmi a New York. Nonostante i miei tanti viaggi all'estero, mi ero sempre rifiutato di visitare gli Stati Uniti per la mia profonda antipatia per questo Paese imperialista, che mi veniva dalla mia passata militanza a sinistra. Poi ho capito che il Signore mi ha mandato lì per riconciliarmi con un altro aspetto della mia storia.

Siamo partiti per New York in quattro gruppi: appena arrivati all'aeroporto abbiamo diviso la città in quattro zone e a noi è toccato Manhattan. Siamo subito andati a trovare il vescovo ma era assente. Prima di arrivare al Vescovado abbiamo lasciato tutti i soldi che avevamo nella cassetta per i poveri della prima chiesa che abbiamo incontrato.

La prima notte abbiamo dormito al Central Park. Solo dopo abbiamo saputo che era molto pericoloso dormire lì la notte! Al mattino ci siamo recati dal vescovo, Mons. O'Keefe, e gli abbiamo spiegato la nostra missione. Egli ci ha benedetti e ci ha dato gli indirizzi delle parrocchie della zona che ci era stata affidata. Abbiamo iniziato con quella di Manhattan. Nei primi quattro giorni nessun parroco ci ha accolti, la maggior parte ci ha ricevuto con indifferenza e diffidenza cacciandoci subito via. Dormivamo fuori dalla Cattedrale di St. Patrick avvolti nei cartoni che andavamo a raccogliere nelle strade principali accanto ai negozi. Avevamo sempre paura che la polizia ci fermasse. Accanto a noi dormivano altri «barboni» e così auguravamo loro la buona notte cercando di farceli amici, per paura.

Lì mi sono reso conto che molti di loro erano ex soldati americani veterani della guerra del Vietnam. Quelli che sono ritornati in patria, chi senza una mano, chi senza una gamba, dopo gli orrori della guerra avevano conservato solo l'appetito per l'eroina e poi, a New York, per l'alcool. Vite distrutte, senza più famiglia, abbandonati. Quindi ho visto le conseguenze della guerra del Vietnam su quella che era stata la gioventù americana. Loro stessi ci hanno raccontato le loro storie quando passavamo le notti all'addiaccio nelle strade di New York. Questo lo dico per spiegare che la guerra provoca ingiustizia e tanti altri mali e ricade sempre sui deboli. E invito a riflettere sulla inutilità della guerra.

Ecco perché io vorrei mettere insieme le esperienze di New York e quelle del Vietnam, esperienze purtroppo ancora attuali, che ci parlano del mondo di oggi.

I primi quattro giorni ci siamo alzati presto e andavamo subito in cattedrale per le lodi e la messa e per riscaldarci. Una notte a causa del freddo intenso, per l'impossibilità di prendere sonno, abbiamo vagato per le strade cercando di riscaldarci col tepore delle vetrine illuminate e dei lampioni.

Ricordo che una mattina ero molto depresso ed entrato nella cattedrale ho avuto una forte crisi di pianto, non riuscivo ad accettare la realtà di quei parroci americani ed ero proprio arrabbiato con Dio. Ho mormorato nel mio cuore che Dio non doveva farmi questo scherzo. Oramai mi ero rassegnato che la nostra missione sarebbe continuata così.

Ma dal quinto giorno alcuni parroci hanno accolto l'annuncio con più gioia. Il miracolo grande e inaspettato è stato quando, per la prima volta dal nostro arrivo, ha cominciato a piovere forte. Una parrocchia di Francescani ci ha accolto dandoci un luogo coperto per dormire. Ogni volta che suonavamo il campanello avevo paura di un rifiuto e subito dopo via con l'annuncio: «Padre, la pace sia con te! Siamo due catechisti itineranti, siamo qui per annunciarti la buona novella: che Dio ti ama moltissimo e ha mostrato questo amore nel suo Figlio diletto, l'unico che non ha resistito al male; come un agnello condotto al macello, senza aprire bocca, ha presentato l'altra guancia, ha lavato i piedi a Giuda suo nemico, e si è svuotato totalmente, facendosi servo. E noi che abbiamo preferito Barabba, segno della nostra giustizia, lo abbiamo condannato a morte: Lui unico giusto».

E gli ricordavamo che Dio ha fatto risorgere Gesù di Nazareth e lo ha costituito Signore, e attraverso lui ha permesso che venisse annunciata la remissione dei peccati. «Padre, le diciamo che la felicità non sta nell'avere tanti soldi, nell'essere primo, ma nel farsi piccolo, umile, nel presentare l'altra guancia, amare i nostri nemici, entrare attraverso la porta stretta. E questo, padre, non è facile...».

Davanti a questo annuncio, molti spesso ci interrompevano dicendo che già questo lo sapevano e che lo predicavano da anni, altri invece dicevano che gli stavamo facendo perdere tempo. E noi rispondevamo: «È vero, padre, che questo lei lo sa quindi dovrebbe essere molto felice. Ma oggi questo annuncio è nuovo perché ogni giorno lei ha dei problemi: forse non accetta l'altro prete, qualcuno le sta sullo stomaco, ecc. E così ogni giorno dobbiamo riconvertirci di nuovo». Dopo questa «concretizzazione» alcuni accoglievano questo annuncio con gioia e aprivano un dialogo con noi riconoscendo come mancasse nella loro parrocchia l'annuncio di un *kerigma* (la buona novella) forte e vivo che toccasse la vita concreta delle persone, così pure una pastorale per i lontani. Spesso era difficile entrare nelle canoniche perché eravamo senza appuntamento e dovevamo sempre insistere e i preti avevano una gran paura che fossimo ladri. A volte ci ascoltavano impauriti e sconvolti, spiando ogni nostro minimo gesto. Alcuni addirittura ci parlavano solo attraverso il citofono guardandoci attraverso le telecamere. Alcuni ci hanno spiegato che il motivo di tante precauzioni era dovuto a incidenti spiacevoli. Ci sentivamo come due piccoli moscerini, insignificanti, in mezzo a questi grattacieli.

Ricordo che le due «torri gemelle» del World Trade Centre mi sembravano ondeggiare nel cielo procurandomi una sensazione di vuoto. E quando le ho viste in televisione, in quel fatidico 11 settembre 2001, incendiarsi e crollare al suolo trascinando alla morte 2800 persone dopo l'impatto con l'aereo degli attentatori, ho rivissuto con angoscia quel momento e quella terribile sensazione di vuoto.

Nella nostra missione a New York abbiamo sempre rifiutato i soldi (che comunque ci sono stati offerti pochissime volte) e questo è stato per loro un segno fortissimo.

Le parrocchie nelle zone povere di New York, abitate in prevalenza da popolazioni provenienti dal Centro America (Portorico, Cuba, Santo Domingo, ecc.), hanno quasi sempre accolto l'annuncio. L'esperienza più bella l'abbiamo avuta nella zona di Harlem. Avevamo terrore ad andarci. Infatti avremmo dovuto iniziare nel tardo pomeriggio, ma per la paura abbiamo preferito iniziare la mattina seguente, per non essere costretti a passare la notte lì... Appena arrivati, abbiamo assistito a una scena di violenza: un nero con una sbarra di ferro che assestava colpi all'impazzata nel mezzo di una rissa. Maurizio voleva intervenire, ma io non me la sentivo in quel momento né di fare il missionario, né il paciere, per la paura che mi aveva preso. Invece Dio aveva preparato per noi quasi tutte le parrocchie, che ci hanno accolto con gioia e sensibilità. Molta gente poi ci salutava per le strade. Non avevamo più paura perché eravamo sicuri che Dio ci difendesse e che a noi non sarebbe successo niente.

Molti dei parroci in quella zona avevano un cuore pastorale aperto verso i poveri e noi abbiamo parlato loro a lungo del *cammino*. Nella zona di Harlem siamo anche andati a trovare il vescovo Mons. Moore. Gli abbiamo spiegato la nostra missione, comunicato il *kerigma* e l'esperienza del *cammino*. Ha ascoltato con molto interesse, ci ha chiesto alcune spiegazioni, e alla fine ci ha benedetti e ha fatto una preghiera bellissima per noi, ci ha imposto le mani e ci ha ringraziato per essere andati da lui.

L'esperienza più importante è stata per me la grazia che il Signore ci ha dato nell'annunziare la buona novella ai poveri e ai barboni nelle strade. Infatti, vedendo il colletto da prete, ci chiedevano sempre i soldi; noi ci fermavamo e ci sedevamo per terra con loro e dicevamo che non avevamo né oro né argento ma avevamo qualcosa che valeva molto di più dei soldi e annunciavamo con molta forza il *kerigma* e specialmente la vita eterna, e che la sofferenza ha un senso perché non esiste solo questa vita. Ricordo che due di loro, all'inizio, erano molto sorpresi e non volevano credere a quello che dicevamo, poi sono rimasti scioccati sentendo che dormivamo in strada e ci hanno anche offerto da bere!

Ad altri due abbiamo annunciato con potenza l'amore di Dio e la vita eterna, hanno subito creduto che noi non avevamo soldi. Allora ci hanno offerto un dollaro e altri spiccioli insistendo che li prendessimo. Di fronte al nostro rifiuto ci hanno portato in un negozio di frutta e ci hanno comprato una pesca per ciascuno. Immaginatevi la faccia della padrona del negozio al vedere due barboni che compravano qualcosa per un prete e un giovane e per di più... bianchi!

Abbiamo dato loro la pace: la loro puzza si confondeva con la nostra e non ci dava fastidio, eravamo tutti e quattro pieni di gioia e di benedizione per Dio. Un altro aveva perso una gamba nella guerra, credo del Vietnam, aveva avuto la vita distrutta, la moglie in Canada con due figli e lui era per le strade di New York, alcolizzato. Anche a lui abbiamo annunciato la Buona Novella e la vita eterna e si è molto meravigliato quando gli abbiamo chiesto di pregare per noi. Con insistenza gli abbiamo detto che Dio ascolta le sue preghiere non appena lui apre la bocca. Gli abbiamo dato del pane e formaggio che ci avevano offerto. Ci ha abbracciato con molto affetto e con le lacrime agli occhi. Un altro ha creduto subito che non avevamo soldi da dargli e ha chiesto la nostra benedizione e a sua volta ci ha benedetti e mi ha dato un bacio sulla fronte. Un giorno abbiamo mangiato insieme ad un gruppo di barboni alla mensa dei poveri di una parrocchia.

Tutti questi incontri sono sempre avvenuti dopo che un parroco ci aveva cacciato via.

Un'altra esperienza forte è stata all'ONU. Pur non essendo parrocchia, era tuttavia nella nostra zona, e noi avevamo un grande desiderio di poter fare l'annuncio all'Assemblea Generale. Ma poi abbiamo pensato che senz'altro ci avrebbero presi per pazzi, forse anche arrestati e rimpatriati, e così non avremmo potuto completare la nostra missione. Abbiamo allora letto a voce alta le Lodi e aperto il Vangelo a caso, e ci è capitata la lettura dell'emorroissa e la guarigione della figlia di Giairo: parola profetica per tutte le nazioni che sono morte al peccato e hanno questa perdita di sangue che solo il Signore ha il potere di risanare.

Un altro giorno abbiamo deciso di andare a pregare davanti all'ONU. Abbiamo preso tre letture a caso: Giosuè 8,6-25, Salmo 53, Matteo 5,27-48. Abbiamo meditato molto su questa parola e poi abbiamo fatto una lunga benedizione con la croce e il dito puntato al grande Palazzo di Vetro.

In tutto abbiamo visitato 105 parrocchie tra cui alcune nazionali come l'Armena, l'Ucraina, la Slovena, la Bizantino-Russa, la Russa, la Cinese, l'Italiana, la Lituana, la Croata, la Polacca, la Portoricana, quella di Santo Domingo, la Cubana, la Messicana, ecc.

In una delle due parrocchie della provincia italiana dei Pallottini che abbiamo visitato a New York siamo stati accolti con grande sorpresa e il parroco continuava a dire, rivolto a me: «Ma ti sei impazzito? Ma che mi state a dire? Ma che succede? Carmelo, ma cosa fai con quella barbaccia? Ora vuoi convertire il mondo? Ma andiamo a mangiare!».

Il bello è capitato nella seconda parrocchia, dove la prima volta avevano minacciato di chiamare la polizia se non fossimo andati via. Ritornammo lì la mattina dell'ultimo giorno della nostra missione e dopo essere stati di nuovo mandati via, con la scusa che non c'era nessun prete, tornammo poco dopo. Finalmente venne fuori un prete, tutto agitato. Gli facemmo l'annuncio in strada mentre ci guardava sbalordito e sempre più teso. Ci domandò chi eravamo e a me chiese: «Tu sei un prete ordinato?». Io risposi di sì. «Religioso o diocesano?». Io risposi: «Religioso». E lui: «Che ordine?». Io: «Pallottino». E lui: «Co... Come? Ma sai che questa è una parrocchia pallottina?». «Sì» risposi io. «E chi è il tuo superiore?» mi chiese. Io dissi il nome. «E chi è il parroco qui?» mi chiese ancora. E io gli ho detto il nome. «Ma... Ma allora sei uno di noi? Ma eravate voi quelli che suonavano ieri sera, vero? vero?». «Sì» gli abbiamo risposto. E lui, molto imbarazzato: «Ma allora entrate!». Al che io gli ho risposto: «Purtroppo dobbiamo andare perché abbiamo finito la nostra missione e dobbiamo raggiungere le altre équipes alla parrocchia di San Colombano», un santo irlandese, considerato uno dei santi protettori dell'Europa per i suoi viaggi di evangelizzazione in vari Paesi europei.

Abbiamo incontrato quattro vescovi, tra i quali brevemente il nuovo arcivescovo di New York, Mons. John O'Connor, nella cattedrale, al termine di una messa. Abbiamo avuto tre richieste di catechesi e altri parroci si sono detti interessati. Questa esperienza resterà impressa nella mia vita. Mi ha molto umiliato come prete sentirmi rifiutato e ho visto gli stessi peccati di quei parroci in me stesso, essendo io molto orgoglioso. E mi sono accorto che non sono per niente più santo di loro!

Una mattina mi sono sentito di chiedere perdono per un parroco perché non mi aveva permesso di concelebrare e io lo avevo per questo giudicato, disprezzandolo. Ho ricevuto un pochino più d'amore per i poveri che spesso mi danno fastidio al punto che quando capitano sulla mia strada cerco di evitarli per non dar loro i soldi. Questa «itineranza» è stata un segno profetico per la mia vita, mi ha mostrato come dovrei vivere ogni giorno abbandonandomi totalmente a Dio, senza sicurezze e senza sapere dove reclinare il capo, una cosa che con le mie sole forze resta impossibile da fare.

11
Frammenti di storie di vita

È stato emozionante sfogliare migliaia e migliaia di pagine di lettere, piene di storie dolorose e anche di successo per preparare questo libro.

Rileggere velocemente decine di migliaia di nomi e cognomi, ognuno con la sua storia che ho seguito nel corso degli anni è stato molto commovente. Rivedere tutti gli appunti da me scritti quando andavo in carcere con le richieste che ricevevo e le risposte da dare mi ha riportato a un periodo di intensa attività a Londra e altrove, da me vissuto con intensità.

Di seguito una selezione dai miei appunti.

Messaggi alle famiglie

La notizia sempre più dolorosa era dover prendere la cornetta del telefono e avvisare le famiglie del decesso del loro congiunto.

Avevo alcuni contatti con gli avvocati: sia con il *solicitor* (avvocato che preparava le carte per la difesa) sia con il *barrister* (colui che difendeva gli imputati con toga e parrucchino), ma anche con i tribunali (*Crown Courts* in presenza della giuria popolare o *Magistrates Courts*, il tribunale di primo grado gestito dai magistrati senza la giuria popolare).

E avevo contatti con il Ministero dell'Interno, con il *Department of Migration* (il Ministero delle Migrazioni che si occupava delle espulsioni al termine della pena), con gli assistenti sociali e il *Probation Department* (che si occupavano di seguire e assistere i detenuti sia dentro che fuori dal carcere, nel caso uscissero prima della sentenza e aiutavano anche gli ex detenuti a cercare un lavoro e trovare un alloggio), con i cappellani (di varie confessioni), e anche con gli amici dei detenuti con i quali volevano mantenere un rapporto (ristoranti, discoteche dove magari avevano lavorato, case di prostituzione con cui avevano dei contatti, affittacamere, ostelli, alberghi), con i vari consolati e ambasciate dei rispettivi Paesi dei detenuti, avvocati, poliziotti e Comuni di residenza in Italia, parroci, prigioni, comunità terapeutiche, ospedali, ecc.

Spesso era difficile rintracciare le famiglie e bisognava attaccarsi ad ogni frammento di informazione per cercare di trovarle. Ognuno aveva richieste, dalle cose più banali a quelle più gravi, e chiedeva aiuti di vario genere, soprattutto finanziari. E non solo.

Ricordo la storia di due fratelli: in un momento di perdita di controllo, uno dei due dà una spinta al fratello che va a sbattere contro il muro con la testa e muore. Ricordo in carcere il suo senso di colpa e i suoi pianti per quello che era avvenuto, accidentalmente.

Ricordo una anziana mamma venuta dall'Italia a Londra per la morte di uno dei figli per overdose.

Ricordo un altro giovane che dopo il suo reinserimento nella società si è sposato, ha avuto dei bambini e purtroppo giovanissimo è morto di tumore. Siamo stati sempre in continuo contatto e dall'ospedale di Roma mi ha chiesto con insistenza di andarlo a trovare anche per confessarlo. Io sono andato in giornata da Londra a Roma, la moglie è venuta a prendermi a Fiumicino, ho passato qualche ora solo con lui in ospedale, si è confessato, lo vedevo raggiante e felice anche se sapeva che la sua morte era imminente, come difatti è avvenuto poco dopo.

Ricordo una povera madre con sette figli uno dei quali, tossicodipendente, ha reso la vita impossibile a tutti in famiglia e i fratelli non l'hanno più voluto in casa.

Un altro caso è quello di un giovane brillante che dopo aver telefonato al fratello e a un amico si è impiccato. Sono arrivati troppo tardi per salvarlo.

Quando sono andato al cimitero con suo papà ho pianto tanto, perché non ho mai capito questo suo gesto. I genitori erano separati. Un papà che ha speso tutti i suoi risparmi, e tanti, per aiutare questo figlio a uscire dalla droga.

Come non ricordare il suicidio di un giovane che si è gettato sotto un treno a Canary Wharf? Era uno dei tanti ragazzi che conoscevo e quando mi è arrivata la notizia sono rimasto di stucco: non ho mai capito la sua motivazione.

Un altro ragazzo è entrato in coma a casa subito dopo essere uscito dal carcere. Ho avuto la sensazione che aspettasse i genitori prima di morire: i genitori sono arrivati dall'Italia, sono andati a casa sua. È morto subito dopo.

Un altro giovane preso da un accesso di rabbia ha spaccato il telefono mentre parlava con la mamma mentre era nell'ufficio della chiesa di St. Peter. Chiedeva sempre soldi e io non glieli davo. Allora mi ricattava e mi diceva che si sarebbe tagliato le vene davanti alla porta della chiesa. E io che conoscevo il soggetto gli ho detto: «Se ti tagli le vene io non chiamo né ambulanza né ospedali, ti lascio morire dissanguato. Dimmi solo se preferisci la cremazione o la tumulazione quando sarai morto». A volte ricattava anche don Roberto Russo, l'altro prete di St. Peter che fino al 1991 era stato il parroco. Aveva paura dei drogati e temeva che potessero compiere qualche follia e a volte dava loro un po' di denaro. E molti ne approfittavano.

Ricordo con terrore e preoccupazione il giorno che un italiano dette fuoco, distruggendolo completamente, il consolato italiano a Londra a Eaton Place. Era il periodo delle BR e si pensò ad un attentato. Ma era invece una vendetta di questo italiano senza fissa dimora che ho poi seguito in carcere per lungo tempo: era convinto che il consolato dovesse aiutarlo.

Ho davanti agli occhi ancora un funerale con due bare: una mamma e il figlio di 16 anni uccisi dal papà e marito, convinto che tra loro ci fosse una storia di incesto. Una storia terribile.

Le centinaia di morti per overdose e Aids. I morti suicidi e quelli scomparsi.

Varie volte da un programma televisivo italiano della Rai "*Chi l'ha visto?*" venivano a intervistarmi per chiedere se avessi notizie di alcune persone «scomparse». Io avevo a volte notizie ma non potevo dire nulla dinanzi alle telecamere. Le informazioni dovevano essere filtrate attraverso i canali giusti, non per spettacolo.

Una cosa voglio chiarire: quando si parla di tossicodipendenti, non tutti sono uguali.

Alcuni sono cattivi, aggressivi, pretendono e credono che tutto sia loro dovuto, si vendicano se tu non gli concedi sempre quello che vogliono.

Un'altra categoria di tossicodipendenti, invece, buoni nell'animo e nel cuore, ha conservato la dignità di persone e sono anche molto prudenti e attenti nel chiedere le cose, ringraziano, e sanno accettare un eventuale rifiuto.

Altri tossicodipendenti, invece, sono indifferenti, vanno e vengono.

Poi ci sono quelli che si affezionano.

Voglio ricordarne qui alcuni

Ricordo un ragazzo fidanzato che non ha mai dato molti problemi, timido e riservato, ma il problema droga per lui era troppo forte. Quando mi avvisarono che era stato trovato morto di overdose in un bagno pubblico di King's Cross, ci rimasi molto male e ho sofferto molto. Fu una tragedia avvisare la famiglia. La mamma venne a Londra. Mi ricordo che la polizia mi consegnò gli oggetti trovati su di lui: la carta d'identità e un piccolo crocifisso di legno legato con uno spago che gli avevo dato qualche tempo prima e che lui portava al collo. La cosa che mi ha colpito di più era che la sua morte è avvenuta in un bagno pubblico e sono sicuro che Cristo era accanto a lui in quel luogo al momento della sua morte.

Un italiano molto esuberante, con tante qualità, insegnante di pittura, fu trovato morto per strada e per molto tempo non sapevano chi fosse e c'è voluto del tempo per identificarlo. La cosa che più mi ha colpito era il rapporto con la mamma, una donna umile che abitava nella zona più degradata di Cagliari. È rimasta sempre vicina a questo suo figlio e quando è morto aveva vergogna di far arrivare la salma in Italia per non dover sottostare alle critiche della gente della zona. La prima volta che andai a trovarla a Cagliari abbiamo fatto la spesa insieme e mi ricordo che al rientro lei mi ha fatto un caffè. Io le ho chiesto un goccio di latte perché a me piace il caffè con il latte. Ma lei non ce l'aveva. E si è molto mortificata. L'anno dopo sono andato a trovarla e che cosa ho trovato? Una bottiglia di latte che mi aspettava. Dopo un anno se ne ricordava ancora.

Ricordo la mamma di un ragazzo che avevo conosciuto a Londra e di cui avevo perso le tracce. Mi ha raccontato che ogni tanto prendeva e lavava le camicie del figlio e le stirava, completando il processo con un bacio, per fargliele trovare pronte, al suo ritorno. Lei lo aspettava sempre, anche se non aveva avuto notizie di lui da molto tempo.

Poi ricordo un giovane, uscito per un breve periodo dal carcere di Brixton, morto di overdose nell'ostello dove abitava. Fu molto difficile rintracciare la famiglia, ma poi attraverso i carabinieri ci siamo riusciti. Il papà è venuto a Londra e io l'ho accompagnato al Guy's Hospital a riconoscere la salma.

Mi ricordo questo padre schiantato dal dolore che guardava suo figlio che aveva 22 anni e continuava a dire: «No, non è lui, non è possibile». Dopo vario tempo gli ho fatto pervenire i suoi indumenti rilasciati dalla polizia.

Come non ricordare un ragazzo di Roma, morto al Middlesex Hospital? Ricordo le infinite visite fatte a lui. Ha chiesto di confessarsi e dopo abbiamo recitato il Salmo 50, il Salmo di Davide, e ricordo che lui ripeteva le parole e piangeva. Questo ragazzo fu molto aiutato da Pino e Giovanna, una famiglia del *cammino* neocatecumenale che aiutava molto i ragazzi che uscivano dal carcere. Quando è morto questo ragazzo ho avuto la netta impressione che il cielo si aprisse per riceverlo.

C'era una mamma i cui figli erano tutti tossicodipendenti, una famiglia semplice e ho visto in questa donna la Vergine Maria ai piedi della Croce. Così io vedevo le tante mamme dei giovani che incontravo a Londra. Spesso ho mantenuto con loro rapporti epistolari e molte continuano a scrivermi gli auguri per le feste. Un modo per restare in contatto e per ricordare i figli deceduti o persi nel mondo.

Ricordo la vicenda di un giovane cuoco che, quando scopre di essere sieropositivo, lascia il lavoro per non infettare gli altri e mai ha voluto dire ai genitori della sua malattia. E quando è stato cremato ho letto in pubblico le lettere che mi aveva scritto all'insaputa dei suoi genitori.

Un giovane che frequentava regolarmente i nostri incontri a St. Peter era rimasto per quasi due giorni in un locale dove si lasciano i bidoni della spazzatura e dove si era nascosto per iniettarsi la droga: è rimasto incosciente per una overdose. Trasportato all'ospedale, gli fu amputata una gamba, ma poi ha superato questo momento drammatico della sua vita, si è sposato e ha ricostruito in pieno la sua vita con moglie e tre bambini.

L'importanza dell'affetto della famiglia!

Ricordo anche un giovane, che dopo una vita distrutta dalla droga à ritornato a casa ed è morto tra l'affetto dei suoi genitori.

Ricordo con amarezza la storia di una madre, una delle tante che ho conosciuto, che mi parlava del figlio in carcere, stufa di vedere che da vent'anni questo figlio girava per le prigioni. I genitori non ne potevano più, non erano milionari.

«Ha fatto della nostra casa un porcile e non ha più pudore. Ha bestemmiato contro suo padre. Ha chiuso con la famiglia. Ora deve aiutarsi da sé» mi diceva questa mamma.

Come non ricordare la storia di una donna in carcere: aveva avuto una vita difficile con il marito, non si sono mai capiti, la picchiava sempre, era geloso. Lui non ha mai lavorato nella sua vita, lei aveva paura di essere uccisa da lui che beveva; erano separati, l'ha mandata in manicomio, lei ha avuto un grave incidente, ogni tanto cade a terra, e sente voci strane, non può guardare mai nessuno in faccia perché il marito la picchia per gelosia, ma poi quando lei era in carcere a Londra lui andava sotto le finestre del carcere a farle la serenata, la chiamava e cantava. Follie!

Ricordo un altro detenuto: ho parlato varie volte con la moglie che mi è sembrata una donna molto brava. Dice che lui non si è mai preoccupato delle figlie e non le ha mai dato dei soldi per il loro mantenimento. Una volta le hanno staccato anche il telefono perché lui non aveva pagato le bollette. Non capisce perché solo ora si preoccupi delle figlie che non vogliono vedere il padre che non conoscono e non sanno chi sia, vanno bene a scuola e sono felici. Lei ha lavorato molto per creare una famiglia onesta e più di una volta ha offerto al marito la possibilità di ritornare, ma lui ha scelto di fare sempre la sua vita. Lei non ha mai parlato male del padre alle bambine, lui è un bravo fotografo e potrebbe guadagnare bene, se volesse, senza andare a infilarsi nei guai.

Ricordo la storia di una donna abbandonata dal padre da bambina. Durante l'omelia, parlavo spesso del perdono in Chiesa, e questa donna la vedevo nel tormento. Una volta venne a parlarmi e mi raccontò la storia della sua famiglia e io le suggerii, per togliersi di dosso tutta questa pena interiore, di andare a cercare suo padre e riconciliarsi con lui. Ma sua madre non voleva assolutamente che lei facesse questo passo. Comunque lei è andata in Canada e ha scritto al padre.

Poi l'ho invitata a venire in chiesa durante la messa e lei ha raccontato a tutta l'assemblea la sua esperienza.

Ho scelto alcuni brani dalla sua lettera. Spesso durante la messa invitavo giovani, mamme, papà, bambini sull'altare (magari andando anche contro la prassi liturgica), quando sapevo che avevano un'esperienza molto forte da raccontare.

Ha scritto nella lettera: «Le parole della predica di padre Carmelo durante la santa messa mi rimasero nel cuore: il perdono. Per tutto il giorno rodeva qualcosa in me e il mio pensiero e il mio cuore mi trasportavano verso questo perdono. Ma come potevo? Non ho mai fino a quel giorno pensato di fare una cosa simile. Perdonare una persona che faceva parte della mia vita e che non conoscevo ma mi aveva ferito in tal modo che la ferita era così profonda a diventare parte di me. Con una telefonata ho fatto il primo passo e ho spiegato che volevo conoscere mio padre. È stata una cosa strana accettare fino in fondo che non si può conservare il passato, che non si può nemmeno abbandonare, bisogna abbandonare un modo di vivere e pensare, i momenti negativi, il rifiuto, la lacerazione delle nostre abitudini.

Dopo che ho posato la cornetta del telefono, l'adrenalina era al massimo, non pensavo ad altro. Dopo due giorni di inferno la telefonata che aspettavo da quarant'anni arrivò, ma i ruoli erano invertiti e ora era lui a cercarmi, abbiamo parlato un bel po' di tempo e dopo quattro giorni stavo per attraversare l'Atlantico verso il Canada per abbracciare l'uomo che non ho mai visto e con il viso uguale al mio, mio padre. Un abbraccio toglie odio, rancore che si porta in sé e distrugge una esistenza e la propria vita. Ho imparato una cosa molto importante nella mia vita: che le parole del Signore sono la nostra salvezza e quando finalmente si capiscono siamo veramente liberi».

Lettera dal carcere di Bangkok: «A volte guardando indietro mi accorgo che trent'anni della mia vita sono andati via nel nulla e questi primi mesi di prigione hanno invece riempito tanti vuoti del passato. La mia vita fino adesso è stata un fallimento ma mi hai fatto capire qualcosa. Credimi, sono giovane di corpo ma stanco di mente. Non ce la faccio più a sopportare questa vita assurda».

Lettera di un ragazzo rientrato in famiglia: «Ciao papà Carmelo, ti scrivo per farti sapere che sto bene e sono tornato in famiglia perché non avevo soldi abbastanza per tentare quello che ti avevo detto e ti devo dire che tu ne sai una più del diavolo, perché se tu mi avessi dato quello che ti avevo chiesto, i soldi, sarei corso subito dove tu sai, invece sono rimasto in giro per Milano a contemplare quello che dovevo fare e non ti dico quali pensieri mi passavano per la testa. Poi alla fine ho deciso di rientrare a casa, anche se questo mi è costato molto. Penso di riuscire a farcela e a levarmi dalla mente quella porcheria che mi è costata tanto tempo della mia vita. I miei genitori mi hanno accolto bene. Ti voglio ringraziare per quello che hai fatto per me e per quello che fai per gli altri».

«Speriamo un giorno di ritornare in patria! Che parola! Ti accorgi di avere una patria quando sei fuori dai suoi confini. Ti accorgi come è bella la tua terra».

Un giovane che ha trovato nella pittura un motivo di riabilitazione mi scriveva: «Nella pittura ho trovato la forza di immergermi con tutto me stesso per dare un senso ad una esistenza squallida piena di insidie e falsità, lasciato solo al mio destino con la lunga attesa di un domani incerto ma sono fiducioso».

Un altro fa una preghiera: «Giornalmente prego Nostro Signore Gesù supplicandolo con fede e amore di aiutare i miei poveri genitori che stanno tanto soffrendo per la mia lontananza».

L'anelito di libertà di un detenuto fa anche commettere degli errori! Così mi scrive un detenuto: «Desidero la libertà come un bambino che piange quando vuole la mamma. Ma uscirò da questa fogna. Ho vent'anni e ho una vita davanti a me, metterò la testa a posto una volta per tutte perché io non sono nato per morire in prigione. Oggi è una bella giornata di sole, gli uccelli cinguettano felicemente sugli alberi e i gabbiani volano nel cielo azzurro. In questo momento sono invidioso della loro libertà. Magari essere libero come loro! Vuoi sapere l'ultima? Inizio a scrivere di nuovo questa lettera dopo tre giorni perché mi trovo dentro al Block (*settore segregato del carcere dove si inviano i detenuti in punizione*) perché sono scappato dalla prigione. Sì, dalla prigione, e mi hanno arrestato alla stazione di... Dopo due ore. Sono stato libero per due ore ma sapevo che mi avrebbero riportato in prigione: il treno per Londra non arrivava e la polizia mi cercava con i cani e l'elicottero. Vuoi sapere come è successo? Io ero dentro la sala TV quando ho visto che qualcosa stava succedendo. Vedevo dei ragazzi che andavano in cucina, allora sono andato pure io, ho visto la porta della cucina aperta e la rete era tutta rotta. In quel momento non ho capito più niente e un mio amico di cella, un ragazzo di colore, mi ha preso e mi ha detto: «We are free, va' avanti tu». Nella rete c'era un buco. Siamo entrati e poi la fuga verso la libertà. Avevo i vestiti della prigione, la camicia era sporca di sangue perché mi ero fatto male. Siamo arrivati a... e dopo due ore mi hanno arrestato.

Ecco una poesia che mi ha scritto un detenuto:

Solo tu puoi far risplendere la notte,
solo tu puoi illuminarmi il cammino,
solo tu puoi darmi l'amore
che ho sempre sognato e mai avuto.
Solo tu sei la mia salvezza, solo tu sei la mia vita Signore.

Una promessa: «L'unica cosa che mi dà forza è il pensiero che quando uscirò non mi bucherò più, non perché mi faccia schifo l'eroina ma proprio perché non mi posso permettere di sprecare del tempo che fino ad ora tra ospedali e carceri mi ha reso infelice e molte volte privo di reazioni. Penso che dopo circa dieci anni la mia parte l'ho fatta e ora basta, fortunatamente ora tocca agli altri, a tutti quelli che ancora non sanno e a coloro i quali l'eroina gli fa da madre, da scopo di vita e soprattutto da amante pronta a tradirti quando non ce la fai a stargli dietro in quell'attimo in cui ti sei lasciato andare».

C'è anche chi fa il filosofo: «Questo che viviamo sulla terra è solo un punto di passaggio. Ci rivedremo tutti al capolinea, ma allora sarà troppo tardi».

C'è chi cerca di consolarmi per il decesso di un altro tossicodipendente: «Ti devo dire che mi è dispiaciuto moltissimo per la morte di... e tu non te la prendere. Penso che hai fatto l'impossibile per salvarlo e come tu sai ognuno di noi si sceglie il proprio destino. Purtroppo la droga ci consuma lentamente sia il corpo che lo spirito e per molti la morte è una liberazione. Con questo non voglio dire che... Spero che tu mi capisca. Per quanto riguarda me io non sto facendo niente e non ho ancora deciso cosa fare. Ti voglio ringraziare per quello che hai fatto per me e per quello che fai per gli altri. Il Signore ti aiuti a continuare con la tua opera. Un forte abbraccio».

C'è chi riconosce l'importanza della fede: «Ti assicuro che questa esperienza, la prima della mia vita, mi ha aiutato a riavvicinarmi alla fede che avevo troppo trascurato e ignorato…».

Una coppia di fidanzati: «Tutto è finito e come un brutto sogno sparisce nei ricordi. Ti ringraziamo per la dolcezza con cui hai saputo riempire quei pochi momenti vissuti insieme. Penso che la libertà sia una delle manifestazioni più forti della presenza di Dio dentro di noi. Siamo felici di esistere!

Un altro che cerca di farmi coraggio: «Mi dispiace che sei in crisi. Ora io che l'ho capito te lo dico a te: rallegrati perché il Signore come tu sai è tramite la sofferenza che ci converte, tramite il modo con cui accettiamo le nostre croci; a me per esempio fa passare bene la mia carcerazione e di conseguenza la mia croce».

Una mamma che mi racconta del figlio guarito: «So che sarà una grande gioia anche per Lei sapere che nostro figlio è completamente cambiato: è un ragazzo sereno che ama e apprezza ora i genitori. Lavora ed è fidanzato. Dobbiamo a Lei tanta riconoscenza e dobbiamo ringraziarLa ancora per quanto ha fatto per lui. La sua trasformazione è stata lenta. Il Signore La ricompensi per tutta la forza che dà ai giovani e Le dia la forza di continuare nella sua santa missione».

C'è chi è stufo della vita: «Ti scrivo, Carmelo, perché non ce la faccio più. A volte sarei felice di addormentarmi e non svegliarmi. Non ti dico questo perché sono un debole, ma solo per dirti che la vita che ho passato in questi ultimi anni mi ha distrutto moralmente e sebbene mi chieda cos'è la vita mille e mille sono le risposte che puoi incontrare. Ma veramente cos'è la vita? Prega per me».

E chi è stufo del carcere: «Non ne posso più. Sono sempre di nuovo in galera, non faccio in tempo a uscire da una parte che mi arrestano da un'altra. Incomprensione che c'è stata tra me e la polizia è diventata oramai internazionale. Mi ricordo sempre le tue visite quando ero nelle prigioni di Londra. Ho incontrato qui delle tue vecchie conoscenze di Londra. Qui la vita è molto più noiosa. Anche fuori intendo. Cosa facevo fuori? Mi svegliavo, andavo a scippare, mi facevo. Riscippavo, poi mi facevo e così via di seguito. Ogni tanto vengo qui a passare un periodo di riposo sennò lo stress mi ucciderebbe. Comunque ricordati che sei sempre il mio amico Carmelo e nonostante tu sia un prete da strapazzo ti voglio bene un casino e non mi dimentico di te e di quello che hai fatto per me».

I genitori ringraziano: «Volevo manifestarti quello che di persona non ero riuscito a dimostrare e cioè la mia gratitudine per ciò che hai fatto per nostro figlio e in definitiva per tutti noi. E la mia profondissima ammirazione per la maniera con cui tu e i tuoi confratelli svolgete la vostra missione sacerdotale: senza bigottismi ma interpretando e attuando nella sua vera essenza il messaggio del Cristo. Ti assicuro che non è un complimento ma semplicemente la traduzione in parole della sensazione ricevuta da un uomo che si vanta di essere cattolico».

Altro ringraziamento dei genitori: «Caro padre, io non so come ringraziarLa. Se non ci fosse lei sempre così presente, sempre pronto a dare una mano, io impazzirei. Deve volere un grande bene a questi disgraziati ragazzi e penso a quanta intelligenza, pazienza e dedizione ci voglia per stare tra di loro. Se non ci fosse gente come Lei i nostri figli sarebbero ancora più da compiangere e ancora più nel fango di quello che non siano. Porto un calice amaro che non si riesce a vuotare. Quando penso a mia figlia persa così non riesco a sopportarlo e non so amarla quanto vorrei e dovrei: non riesco neppure a vivere con lei».

Genitori che ringraziano per il ricordo per il figlio morto: «Grazie infinite per le messe che celebri mensilmente per il nostro indimenticabile figlio. Sicuramente Dio con l'aiuto di tante preghiere lo ha perdonato per i suoi peccati e accolto nel suo Regno (ha avuto poco di buono nella sua vita specie da noi, suoi genitori). Devo inoltre chiederti scusa per l'accoglienza e l'opinione forse sgradevole che hai avuto di noi due poveri infelici. Da parte mia non ho saputo moderarmi tanto ero esasperata».

Un padre che elogia il mio lavoro per il bene dei ragazzi: «Sono il padre di... E spero che ti ricordi ancora di noi e della nostra visita a Londra, ma in condizioni morali e fisiche purtroppo da non augurare a nessuno. Non potrò mai dimenticare la vicenda umana di mio figlio. Mi auguro che la tua opera di redenzione e persuasione sia sempre molto valida e che possa salvare sempre più gli sbandati fuggitivi».

Il ritorno in Italia di una giovane tossicodipendente e la lotta dei genitori: «Nostra figlia è tornata a casa dopo la lunga e tragica esperienza di Londra in uno stato psichico e morale veramente disastroso ed ora stiamo lottando giornalmente con tutte le forze per riportarla sulla via giusta».

La gratitudine di una madre: «Carissimo Carmelo, hai la mia più grande stima per il tuo ingrato compito di avvisare noi poveri e ignari genitori, specialmente una mamma; per la tua sensibilità nell'esporre il fatto sotto un'altra forma, grado per grado. Purtroppo il mio stato d'animo peggiora giorno dopo giorno e più il tempo passa più mi sento angosciata. Però sono contenta che sei riuscito a farti confidare da mio figlio cose che si è sempre tenuto dentro, essendo un ragazzo molto chiuso. Ti sono grata dal profondo del cuore per quanto fai per mio figlio. Consiglialo di lasciare il passato alle spalle e di ricominciare una nuova vita. Ti chiedo troppo? Caro padre Carmelo, se non ci fossi tu come diceva quel tale bisognerebbe inventarti. Infatti, io come farei adesso?».

I genitori ringraziano: «Non scorderemo mai tutto il bene che ci hai fatto e il conforto che ci hai dato in quei terribili giorni della prigione di nostro figlio. Ci hanno lasciato un segno nel cuore ma siamo contenti della grazia che Dio ci ha concesso».

Una mamma che non sa capacitarsi di avere il figlio in galera: «Io non riesco a capire come sia finito in galera. Tante volte non bisogna dimenticare le diciture antiche: si usava dire che la mala compagnia fa l'uomo ladro. Certo l'avevamo cresciuto come si tiene l'oro nella carta e ora è andato a finire in galera. Certo per noi e la nostra mentalità avere un figlio in galera è una cosa terribile. L'ho cresciuto nel timore di Dio. In 52 settimane è un caso raro per noi perdere la messa. Siamo tutti di famiglia buoni cattolici ed è il primo della nostra "razza" a macchiarsi la condotta. Io non cesso mai di pregare Cristo e tutti i santi di dare a lui forza e coraggio. Digli che aspetto il suo ritorno con le braccia aperte, fatelo per amore del cielo e se ha l'occasione me lo abbracci per amore mio. La ringrazio di tutto e chiedo scusa per il mio scritto "sdrammatizzato". Ho solo la terza elementare. Un milione di ringraziamenti per avermi scritto e pregate per mio figlio per farlo tornare sano e salvo».

Genitori che continuano a combattere per salvare il figlio dopo il suo rientro in Italia: «Purtroppo nostro figlio è ancora nei guai ed è attualmente in Italia in prigione. Fa come sempre quando si trova in queste situazioni: mille buoni propositi e promesse di cambiare vita. Io non oso più sperarci. Le saremmo grati se vorrà ancora una volta scrivergli perché sappiamo quanto ti stima e ti apprezza e una tua parola potrebbe incoraggiare i buoni propositi».

Genitori che ringraziano per il successo nell'allontanare il figlio dalla droga: «Sempre memori di quanto hai fatto per noi e per nostro figlio nel periodo per noi più buio, ti facciamo sapere che nostro figlio è oramai uscito dalla droga dopo circa due anni di comunità terapeutica e ora lavora e se la cava bene. Anche tu hai contribuito a questo risultato».

Una madre che ringrazia perché per la prima volta ha visto il figlio felice insieme agli amici e alla sua ragazza: «Un sabato sera sul tardi sento il bisogno di scriverle perché finalmente mi sento felice. Ho appena visto mio figlio uscire vestito bene, ben curato e soprattutto felice con i suoi amici ritrovati, ma specialmente euforico perché ha un appuntamento con la ragazza con cui esce da alcuni giorni. Le assicuro che era molto ma molto tempo che non provavo tanta serenità. Avevo un po' di paura di come avrei trovato mio figlio dopo le terribili esperienze da lui vissute. Temevo che fosse amareggiato, indurito e non riuscisse a reinserirsi, invece tutti, ma proprio tutti, lo hanno accolto con molta gioia. Le persone lo fermano per strada per salutarlo. Non potevo sperare veramente in qualche cosa di meglio e di tutto questo sono certa che molto del merito è suo per averlo assistito con tanto amore e sollecitudine, per averlo fatto sentire essere umano, anche quando si credeva una nullità. Perciò non finirò mai di ringraziarla e di augurarle una vita lunga e felice e spero che il Signore la ricompensi in questa vita e nella prossima in paradiso».

Un giovane detenuto ringrazia e spiega il motivo della sua dipendenza dalle droghe: «Mi fa tanto piacere poterti scrivere primo perché con te riesco a sfogarmi e a svuotarmi di tutte le amarezze che ho dentro. Secondo perché sei una persona tanto cara che riesce a farsi volere bene da tutti. Io specialmente sono molto attaccato a te perché sento l'affetto di una persona a cui ero molto legato, e cioè mio fratello che è morto in un incidente stradale, e ti assicuro che quando lo vidi disteso in mezzo alla strada tutto sfracellato ho sentito qualcosa che mi si apriva dentro e da quel giorno la mia vita è cambiata e sono incominciati i guai. Mi sento riempire il cuore di gioia quando entri nella mia cella e mi chiami fratello perché ogni volta che vedo te è come se fosse uno dei miei cari ad entrar nella mia cella. Giuro. Vedi, Carmelo, io ho avuto una vita piena di sacrifici e di sofferenze, molte delle persone a cui ero legato sono morte e molte altre le ho perse per incompatibilità di carattere. E ogni volta mi sono sentito sempre più solo. Ora che finalmente avevo trovato una donna che mi capiva e che mi ha dato la cosa più bella e dolce che c'è nel mondo mi hanno arrestato e mi hanno allontanato da loro. Fra poco sarà il santo Natale. E passato questo, finirà un altro anno. Tutti saranno felici quel giorno, ma io non sarò tale, anzi sarò ancora più depresso. Il 27 è il mio compleanno. Finirò 29 anni».

Un giovane che si preoccupa per la tristezza che ha visto sul volto di padre Carmelo: «Sai Carmelo, mi sei molto caro e non so perché. Forse perché ogni volta che vieni mi porti momenti di felicità e gioia senza nessun interesse in cambio. Oggi ho letto nei tuoi occhi un momento di tristezza. Tu sai che gli occhi sono lo specchio del cuore. Mi sono chiesto che cammino ti sei scelto nella vita. Quello di ascoltare e comprendere tutti. Ma c'è qualcuno che ascolta e comprende te? Naturalmente il Signore. Ormai mi conosci da molto tempo. Sempre che vieni a trovare i fratelli nelle carceri, tutti ti aspettano con gioia».

Un giovane che spiega che ci sono preti… e preti: «Forse tu non sai, ma io ho frequentato una scuola di preti e sinceramente mi ero fatto un concetto non molto edificante dei preti. Ma tu hai smontato la brutta idea che mi ero fatto dei preti. Spero che possiamo spendere un po' di tempo insieme lontano da questi squallidi posti: nel tuo immenso gregge si è aggiunta un'altra pecorella (nera). D'altronde come non si potrebbe essere con un pastore come te?»

Una mamma che parla al figlio attraverso padre Carmelo: «Perché sei arrivato a farci tanto male e a fare male anche a te? La tua vita è per sempre rovinata, quanti progetti hai fatto prima di partire. Perché hai mandato tutto all'aria adesso che avevamo bisogno di te più che mai?».

Un padre che non vuole più vedere il figlio: «Purtroppo le notizie di mio figlio sono cattive e scandalose. Tanti e tanti anni che non lo vedo e ad onor del vero non desidero vederlo. Ne ha fatte tante e tante che si è screditato in tutte le parti. Io non posso perdonarlo e penso di escluderlo dal mio testamento. Ora io domando a Lei come ministro dell'Onnipotente: come io dovrei comportarmi con mio figlio? Lui merita solo disprezzo. Come voi lo vedete: sano o insano di mente? È ultra recidivo di reati in qualunque posto che è stato. In questo stato è difficile se non impossibile che lui possa sbarcare a terra dalla burrasca in cui si trova».

Una mamma in lacrime scrive al figlio: «Ancora non riesco a smettere di piangere e anche ti capisco come ti senti distrutto. Padre Carmelo mi ha detto che sei molto giù. Lo credo bene, quando scrivi mi dici che mi vuoi bene con tutto il cuore: scrivi, amore mio, e promettimi che affronterai la situazione con coraggio. Non darmi anche il dolore di vederti distrutto qualsiasi cosa sia successa. Il cuore di una madre è sempre aperto a riabbracciarti e un giorno finirà anche questo calvario. Quando tutto sarà sistemato andrai da qualche altra parte e io finché avrò vita ti aiuterò. Non so cosa devo dirti: ho il cuore pieno di dolore e di rabbia nello stesso tempo. Ma purtroppo la vita deve continuare».

Mamma grata perché i suoi figli si sono salvati: «Carissimo padre Carmelo, lei solo può capire la disperazione della nostra famiglia. Eppure noi con tutte le nostre pene oggi ci sentiamo persone fortunate: i nostri figli si sono salvati, è la cosa più importante per noi. Qui in Italia e penso in altre parti del mondo ci sono mamme come noi che piangono senza rimedio, chiedono aiuto agli ospedali, ai centri assistenziali, alle comunità, alla nazione stessa e in attesa che questi aiuti arrivino vedono morire i loro figli. E mi creda, in questo periodo ne muoiono tanti. Tutti ascoltano la televisione, leggono i giornali, l'opinione pubblica commenta, ma nessuno ferma questo male terribile. È una vera distruzione. Non voglio paragonarlo ad una guerra ma a una grave epidemia. Padre, perché tutto questo? Perché il Signore ha voluto che proprio i nostri figli si siano salvati? Quanti altri ragazzi avranno la fortuna di capire come hanno capito i nostri? Cosa sarebbe stato di loro se non li avessero fermati all'aeroporto di Londra? Caro padre, tutti questi punti di domanda mi assillano di notte quando non riesco a dormire. Alcune risposte già le abbiamo avute. I nostri ragazzi stessi hanno risposto a questo interrogativo. Perciò, caro padre Carmelo, la nostalgia di mio figlio è grande e la voglia di riaverlo a casa è immensa, ma malgrado tutto ci consideriamo veramente fortunati e siamo finalmente sereni. Piangere è inutile, anche se non resisto alle lacrime. Con infinita riconoscenza».

Un'altra mamma disperata senza notizie del figlio: «Chi scrive è una madre disperata per la mancanza di notizie riguardanti mio figlio. È partito in cerca di miglioramento economico sei anni fa. Sono venuta a conoscenza che mio figlio si drogava da anni e che inoltre era stato in carcere. Il mondo mi è crollato addosso. Non potevo credere a tutto questo. Mi sento avvilita e affranta. Dopo varie ricerche fatte, l'unica cosa che il consolato è in grado di dirmi è che di lui si prende cura un sacerdote, ed ecco come sono pervenuta a lei. Padre Carmelo, lei è l'ultima mia speranza e io le rivolgo un disperato appello. Mi dia notizie di mio figlio, la prego, mi dica se è vero che si droga, se è stato in carcere, e perché, e se è possibile recuperarlo e se potrò ancora rivederlo a casa. Almeno mi dia un punto di riferimento così potrò parlargli e sentire se sta bene. Mi perdoni lo sfogo, ma la prego, mi risponda, e porti al mio cuore una parola di speranza e di conforto. Con eterna gratitudine e profondo rispetto.

Facendo lei parte di una chiesa italiana, forse questi ragazzi emigrati essendo alla disperazione cercano rifugio e conforto presso di lei. È quello che io immagino. Veda, padre Carmelo, io purtroppo vivo in condizioni economiche disastrose, altrimenti sarei venuta di persona ad avere notizie di mio figlio. Io non desidero niente da questo benedetto figlio, ma vorrei ricevere sue notizie, se veramente è in questo stato: essendo la madre potrei dargli tanto conforto e tutto l'aiuto possibile pur di rimetterlo sulla retta via. Ho altri figli da accudire, ma il pensiero di questo figlio per me disperso mi tormenta al punto che non trovo più pace. Non so più a chi rivolgermi. È possibile che oggi come oggi un figlio sparisce e nessuno, nemmeno le autorità, sanno dare notizie ai familiari? La prego di scusarmi per il mio sfogo e spero di ricevere una sua risposta positiva o negativa che sia. Mi aggrappo a questa speranza».

Genitori disperati di fronte alla ricaduta del figlio: «Il sogno purtroppo è di nuovo finito, nostro figlio è di nuovo in condizioni tremende e io non mi faccio più illusioni. La vita è ritornata ad essere un incubo per noi. Peccato. Siamo stati così felici e quasi convinti che questa volta sarebbe riuscito a ricominciare una nuova vita. La ringraziamo molto per la sua pazienza».

Una storia ricordata da un amico

«C'era un giovane che portava dentro di sé una profonda tristezza, non odio, non rabbia, non rancore, solo una tristezza infinita celata dietro un sorriso e un comportamento da *gentleman* inglese.

Ha aperto il suo cuore e il suo io a chiunque gli capitava davanti, voleva solo essere capito, consolato, rispettato, consigliato dietro un sorriso: voleva solo una cosa fondamentale: amore!

E noi?

Noi che siamo grandi, evoluti, acculturati, europei del terzo millennio, noi che ci definiamo cristiani, che magari andiamo a messa la domenica o almeno sicuramente la notte di Natale, noi cosiddetti cristiani abbiamo voltato le spalle a questa richiesta di amore.

Perché?

Ma lui è buono e vi avrà già perdonati, ne sono certo, e sommamente buono è il Dio in cui si crede e spero che abbia accolto la sua anima presso di sé, anche se si è tolto la vita con fare stoico. Ora tutto è rimesso alle nostre coscienze e a Dio!».

Il ricordo di padre Carmelo per questo ragazzo: «Il ragazzo di cui si parla qui lo ricordo molto bene: era un nostro volontario, generoso, buono, solare, sempre con il sorriso. Non ho mai capito il suo gesto estremo!».

Una mamma scrive al figlio attraverso padre Carmelo: «Caro figlio, finalmente dopo tanti mesi ti sei ricordato di mamma. Sai quanto ho sofferto. Ieri ho ricevuto notizie da padre Carmelo. Quella lettera mi ha dato tanto dolore ma allo stesso tempo tanta gioia nel sapere che sei vivo. Sai quanti brutti sogni e quanti pensieri cattivi venivano nella mia mente. Non voglio mettere in dubbio le parole di padre Carmelo che non sei più drogato, non voglio rimproverarti di niente, tutti siamo soggetti a sbagliare, ma da parte tua direi... un po' troppo. Che Dio voglia che ritorni con idee diverse, non che rientrando a casa ricominci ancora una volta la strada che fino ad oggi mi ha fatto soffrire. Ti prego di riflettere. Non so, figlio mio, che cosa potrebbe succedermi. Ormai basta. Rifletti!».

Lettera di un ragazzo a padre Carmelo per raccontare la sua solitudine: «Ti penso sempre come chi ha portato la luce nella mia vita balorda. La mia vita è difficile ma ha un senso, una luce verso cui tendere. Che Dio ti protegga e ti faccia strappare dalla disperazione tante altre vite. La pena mia più grande è la solitudine. Non vogliamo più rifare i soldatini di questa stupida guerra e la mia pena più grande è la solitudine».

Un ragazzo che anela a rivedere i suoi genitori: «Una nuova vita deve iniziare anche per me. Mi sono accorto che anche io ho il diritto di vivere, di non soffrire più, ma anche il dovere di non far soffrire. Ho 19 anni e non vedo l'ora di rivedere i miei genitori e dargli quella tregua che si meritano dopo tutto questo tempo. Pensa che bello. Dopo quasi due anni che non mi vedono se lo vedono arrivare tutto strano e con ancora l'odore di galera addosso. Per mamma sarà una gioia immensa e spero di non farle più del male. Questo tempo di prigione mi ha insegnato molto, e anche l'inglese. Veramente grazie per tutto il bene che mi hai fatto. Dopo questo tempo di prigione ritornerò a casa con un ricordo non proprio piacevole ma con un ricordo importante di esperienza di vita e di umanità».

Una vita nuova dopo aver toccato il fondo a Londra: «Io ho vissuto a Londra 8 mesi con una vita completamente sbandata dove ho toccato il fondo. In fondo io faccio parte della stessa generazione. Intanto dentro di me succedeva qualcosa che non so spiegarti. Tornai in Italia e ho iniziato un cammino nuovo che mi ha portato dove non avrei mai immaginato: dalla spazzatura ad essere un prete, un bel salto, no? Come non benedire il Signore per questo amore gratuito che ha avuto per me?».

E infine la lettera di una giovane da me conosciuta a Londra insieme al suo ragazzo e che apre il cuore alla speranza.

Caro padre Carmelo,
oggi ti sto pensando molto intensamente. Mi sei venuto in mente come da tempo non mi succedeva e non riesco a trattenere le lacrime di commozione che mi evoca il tuo ricordo.

Ti ho già scritto una volta alcuni anni fa per aggiornarti sulla mia situazione.

Da quando io e M. siamo venuti a Londra sono passati oramai 15 anni. A quell'epoca eravamo veramente affacciati su un precipizio e sembrava che nessuno potesse accogliere e contenere la nostra sofferenza, il nostro dolore.

Eravamo pieni di rabbia verso tutto e tutti e pertanto soli, spaesati in quella Londra che avevamo scelto come posto ideale per autodistruggerci un po' alla volta.

Ma lì qualcosa è successo.

Ti abbiamo incontrato.

Sei stato il primo adulto, credo, che nella mia vita si è accorto di me. Tu mi hai vista tutta intera e mi hai chiamata a te. Con te mi sono sentita protetta e importante, una persona di valore nonostante nella mia giovane vita non avevo concluso un granché.

E tu mi parlavi, ci parlavi, ci hai persino portati al ristorante cinese e noi non capivamo il perché di tanta gentilezza. Ci hai dato soldi per curarmi quando avevo la febbre e ci hai pagato il viaggio di ritorno in Italia in corriera.

Ti ho pensato moltissimo negli anni, padre Carmelo. Le cose sono cambiate in meglio per noi. Siamo insieme da 15 anni, M. fa il magazziniere e io sto iniziando ad avere i primi pazienti come psicologa e sono al terzo anno di specializzazione per diventare psicoterapeuta. Oggi avrei tanta voglia di abbracciarti, veramente di piangere di gioia al tuo contatto. Quest'anno è stato un anno particolare, mia madre si è ammalata ma ora la situazione sembra migliorata ed io ho sentito per la seconda volta in vita mia, davvero, cos'è la paura di restare soli e dover crescere senza nessuno che pensi a te. L'antica paura della mia adolescenza e l'antico vuoto angosciante mi hanno ristretto il cuore. Ma stavolta non ci sono state droghe o rabbia, solo un profondo viaggio dentro di me.

La cosa peggiore in questa angoscia è stato non avere fede. E veramente mi dispiace non riuscire ad affidarmi a Dio. Non so perché ti dico questo, forse perché so che tu mi ascolti e capisci il mio sentire.

Ti voglio bene Carmelo, se non ti avessimo incontrato non so come sarebbero andate le cose.

Ho tanta, tanta voglia di vederti, e se hai un po' di tempo da concedermi fammelo sapere.

Sapendolo un po' prima mi posso organizzare per venire a Londra o se vieni in Italia posso raggiungerti.

Inoltre vorrei capire come posso aiutare anch'io i tuoi ragazzi, anche se vivo in Italia, mettendo a disposizione la mia professionalità.

Grazie Carmelo, prego per te.

Ti voglio bene.

E concludo con una lettera inviatami nel 1995 da un gruppo di detenuti in occasione dei miei 25 anni di sacerdozio che ho ritrovato per caso, sfogliando i miei archivi.

Per i tuoi 25 anni di sacerdozio

From Her Majesty's Prison «Pentonville», dicembre 1995

Carissimo Carmelo,
tantissimi infiniti auguri.
Ti ringraziamo della tua grandissima pazienza, della tua comprensione e solidarietà per i nostri problemi.
Siamo felici di averti conosciuto, ci sentiamo spalleggiati e quando, alla sera, le luci delle nostre celle si spengono, e sprofondiamo nella solitudine e nella tristezza, il tuo pensiero e la tua amicizia ci mette di buon umore, e così la mattina siamo pronti, col sorriso sulle labbra, a passare un'altra giornata qui dentro!
Preghiamo il Signore, che ti accompagni per altri cento anni di sacerdozio, come tu accompagni sempre noi, e ci rialzi quando cadiamo.
Anche se tante volte ormai ti abbiamo deluso, tu continui sempre a seguirci e ad aiutarci.
Perdonaci Carmelo e sappi che ti vogliamo tantissimo bene.
Auguri e grazie ancora fratello
Tuoi sempre
(Seguono firme dei detenuti)

Un'altra lettera a me inviata nella stessa occasione dai giovani che frequentavano il Centro di St. Peter's Project.

Londra, Dicembre 1995

Carmelo carissimo,
venticinque anni fa hai abbracciato una croce molto pesante e la porti sulle spalle con entusiasmo e gioia.

Nei momenti più duri del tuo sacerdozio hai sempre messo gli altri prima di te, come ha fatto Cristo. Hai sempre perdonato l'ingratitudine, l'arroganza, gli insulti, come ha fatto Cristo.

La tua fede in Lui, ti ha sempre «dato la carica» per continuare la tua strada. Non hai paura di nulla e di nessuno perché sai che Egli è al tuo fianco.

Hai aperto non solo la tua casa, ma anche il tuo cuore, per accoglie- re con amore i giovani smarriti che si sono affacciati male alla vita.

Hai chiamato «fratelli» i carcerati, i tossici, i ladri, gli assassini e tutti i diseredati respinti dalla società «per bene».

Quando passi nelle corsie delle infermerie in carcere, gli uomini sono in gran fermento perché qualcosa di straordinario sta accadendo: «Arriva Carmelo? Arriva Carmelo!».

Hai aiutato a morire molti malati di Aids, restituendo loro la fede e la dignità di uomo. Tu non sei un uomo di professione «prete», sei un messaggero del Signore, un vero angelo inviato a noi per darci la Buona Novella.

Sei la nostra luce. La tua dedizione, il tuo amore per noi, sono come una candela che si consuma in silenzio e dà la vita per illuminarci proprio come fece il Padrone delle stelle 2000 anni fa.

Grazie a Dio Padre per averci dato Carmelo. Grazie Carmelo per avergli detto di sì.

I tuoi ragazzi

12

Il rientro in Italia dopo 43 anni

Londra 13-14 settembre 2014

Carissimi,

prima di partire da Londra, desidero farvi giungere alcuni miei pensieri di ringraziamento.

Nel settembre 1971, pochi mesi dopo la mia ordinazione sacerdotale, senza che io lo chiedessi, venni trasferito a Londra.

Così oggi, 43 anni dopo, settembre 2014, vengo trasferito a Roma.

Chiaramente mi dispiace, ma sono in pace e sereno con me stesso.

Sono stati anni belli e anche difficili.

Nella nostra vita è sempre presente la Croce, che ci sostiene e dà la forza per andare avanti nel nostro cammino.

Vi chiedo scusa e perdono se vi ho offeso o fatto del male in qualche circostanza.

Vi sono grato e vi ringrazio per la vostra comprensione, amicizia e amore nei miei confronti.

Sono certo che il Signore continuerà, anche meglio, ad operare nella parrocchia.

Una preghiera particolare per i nostri ammalati, le persone sole, gli anziani, i prigionieri e tutti coloro che soffrono.

Pregate per me, perché io possa compiere la volontà del Signore.

Questo è uno stralcio della lettera che ho scritto a tutti i parrocchiani prima della mia partenza da Londra.

Il mio rientro in Italia è stato traumatico: delusione, incertezza, rabbia, sconforto, pianto, solitudine, vuoto, mi sentivo quasi un estraneo, uno senza fissa dimora, avevo quasi perso la mia identità. Problemi enormi con le Asl per inserirmi nel sistema sanitario italiano. Ecco perché ho chiesto un anno sabbatico dove ho avuto modo di andare a trovare molti amici in varie nazioni, circa una ventina, ho cercato di ritrovare me stesso nello scombussolamento della mia vita. La mia vita era come capovolta, non riuscivo a trovare un equilibrio. E ho anche pregato per ritrovare il mio cammino.

Uno degli aspetti che mi ha sconvolto è stato trovare per le strade a Roma tanti mendicanti, non essendoci abituato perché a Londra l'accattonaggio è illegale. Purtroppo questo mi ha molto indurito il cuore e ancora ora non so distinguere chi è il vero povero per la strada, e chi è lo sfruttatore, chi se ne approfitta, chi imbroglia. Sono molto confuso ancora adesso e non riconosco me stesso, io che ho passato tutta la mia vita con chi non aveva nulla, ora mi trovo in questa situazione confusa.

Dopo un periodo trascorso a Roma sono stato inviato come parroco alla parrocchia *Regina Pacis* di Ostia, quella in cui avevo lavorato all'inizio, subito dopo la mia ordinazione.

A Ostia ho ritrovato la stessa realtà degli anni in cui l'avevo lasciata, nel 1971, però molto peggiorata, e sulla bocca di tutti per i noti fatti di cronaca, essendo stata commissariata dal Comune per le vicende di «mafia capitale». Ero cambiato molto anche io, ovviamente. Ho riflettuto su questa realtà quando mi hanno intervistato al TG1 in occasione della visita di papa Francesco a Ostia nel 2018, mentre ero parroco a *Regina Pacis.* Alla TV ho detto di aver ritrovato Ostia peggiorata, e di molto, piena di contraddizioni.

Io chiaramente non mi sono più inserito negli ambienti che avevo conosciuto quand'ero giovane prete, anche perché c'era il lavoro della parrocchia e molto marginalmente ho toccato questo argomento, perché c'erano altre persone che lavoravano nelle zone di cui parlo qui.

C'è ora un bravissimo prete, don Fabio, che fa un lavoro splendido all'Idroscalo, dove fu ucciso Pier Paolo Pasolini il 2 novembre

1975, dove c'è la parrocchia di San Vincenzo de' Paoli a piazza Gasparri. La parrocchia *Regina Pacis*, dove io ero parroco, non comprende quella zona.

E per concludere... ancora il carcere, ma a Roma

Alla fine di settembre del 2019 ho finito la mia esperienza come parroco nella parrocchia *Regina Pacis* di Ostia Lido e sono ritornato nella casa provincializia del Padri Pallottini a Roma, in zona Prati.

Prima di lasciare Ostia ho riflettuto che non intendevo passare il resto della mia vita in una camera e mi è balenata l'idea di riprendere il mio lavoro in carcere.

Sono andato a parlare con Mons. Gianrico Ruzza (ora vescovo di Civitavecchia e Tarquinia), essendo stato trasferito a Siena il vescovo Augusto Paolo Lojudice. Avevo spiegato che avrei voluto lavorare a Rebibbia perché già conoscevo quel carcere e lui mi ha invece suggerito Regina Coeli. Ho così preso contatto con padre Vittorio, dei Frati Conventuali Francescani, cappellano di Regina Coeli, che mi ha accolto con grande gioia e ha iniziato le pratiche per il mio tesserino che ho ricevuto poco tempo dopo. Ho iniziato subito il lavoro e ho incontrato altri sacerdoti e seminaristi che prestano servizio lì e moltissimi volontari. Ho trovato una perfetta organizzazione di tante attività interne ed esterne al carcere e un grande spirito di famiglia. Sono stato felice anche di essere stato accolto molto bene dalla Direttrice del carcere e dagli altri agenti.

La realtà che ho trovato è diversa dalle carceri di Londra: si cerca di rispondere al meglio alle richieste di aiuto dei detenuti.

Purtroppo anche qui ho ritrovato gli stessi problemi di droga: molti crimini sono legati infatti alla droga come era stata la mia esperienza di Londra e di altre prigioni che ho visitato nel mondo.

Ma è possibile che non riusciamo a risolvere questo problema della droga che fa tante vittime, distrugge tante famiglie e porta al cimitero tanti giovani? Nel mondo tutto ruota intorno al denaro e a cercare di fare soldi sulle spalle dei deboli. Purtroppo il commercio della droga frutta. Se tutti gli Stati decidessero di combattere questo flagello ci si potrebbe riuscire, ma non pare possibile. Dalla mia esperienza di tanti anni sono convinto che le prigioni hanno bisogno di aprirsi di più all'esterno, di essere in contatto con il mondo, altrimenti si crea un clima di sospetto e di vendetta. Bisogna aiutare di più i prigionieri, almeno quelli che lo vogliono. Il loro cammino di rinascita potrebbe servire veramente, perché il carcere ti può peggiorare oppure ti aiuta a creare un uomo nuovo.

Molte persone sono anche malate e non hanno bisogno del carcere ma di cure mentali e fisiche. È grave il problema dei suicidi in carcere.

«Ero carcerato e siete venuti a visitarmi» (Mt 25,36).

Come conclusione vorrei citare alcune frasi tratte dai discorsi di quattro Papi in visita ai detenuti nel carcere di Regina Coeli.

Papa Giovanni XXIII

«Siete contenti che sia venuto a trovarvi? Sapevo che mi volevate e anche io vi volevo.

Per questo eccomi qui. A dirvi il cuore che ci metto, parlandovi, non ci riuscirei.

Ma che altro linguaggio volete che vi parli il Papa? Io metto i miei occhi nei vostri occhi: ma no, perché piangete?

Siate contenti che io sia qui. Ho messo il mio cuore vicino al vostro.

Il Papa è venuto: eccomi a voi. Penso con voi ai vostri bambini che sono la vostra poesia e la vostra tristezza, alle vostre mogli, alle vostre sorelle, alle vostre mamme» (*Carcere di Regina Coeli, 26 dicembre 1958*).

Papa Paolo VI

«Il Signore Gesù, il Divino Maestro, ci ha insegnato che proprio la vostra sventura, la vostra ferita, questa vostra umanità lacerata e manchevole costituisce il titolo perché io venga tra voi ad amarvi, ad assistervi e consolarvi e a dirvi che voi siete l'immagine di Cristo, che voi riproducete davanti a me questo Crocifisso al quale adesso rivolgeremo la nostra preghiera e offriremo il nostro rito sacrificale. Voi mi rappresentate il Signore.

Per questo io sono venuto, e direi per cadere in ginocchio dinanzi a voi e per dire a ciascuno che siete degni di essere assistiti, amati e salvati» (*Carcere di Regina Coeli, 9 aprile 1964).*

Papa Giovanni Paolo II

«Anche dove gli uomini sono chiusi con i catenacci delle carceri secondo la logica di una pur necessaria giustizia umana, bisogna che soffi lo spirito di Cristo, Redentore del mondo. La pena infatti non può ridursi ad una semplice dinamica retributiva, tanto meno può configurarsi come una ritorsione sociale e una sorta di vendetta istituzionale.

La pena, la prigione, hanno un senso se, mentre affermano le esigenze della giustizia e scoraggiano il crimine, servono al rinnovamento dell'uomo, offrendo a chi ha sbagliato una possibilità di riflettere e cambiare vita, per reinserirsi a pieno titolo nella società (*Carcere di Regina Coeli, Giubileo delle Carceri, 9 luglio 2000).*

Papa Francesco

«Lavare i piedi: in quel tempo erano lavati dagli schiavi. E Gesù volle fare questo servizio per darci un esempio di come noi dobbiamo servire gli uni gli altri. Chi comanda deve servire. Il capo vostro deve essere il vostro servitore. Gesù capovolge l'abitudine storica, culturale di quell'epoca – anche questa di oggi –: colui che comanda, per essere un bravo capo, sia dove sia, deve servire. C'è gente che soffre, che è scartata dalla società, almeno per un periodo, e Gesù va lì a dir loro: "Tu sei importante per me". Gesù viene a servirci e il segnale che Gesù ci serve qui, al carcere di Regina Coeli, è che ha voluto scegliere 12 di voi come i 12 apostoli, per lavare i piedi.

Oggi io, che sono peccatore come voi, ma rappresento Gesù, sono ambasciatore di Gesù. Oggi, quando io m'inchino davanti a ognuno di voi, pensate: "Gesù ha rischiato in questo uomo, un peccatore, per venire da me e dirmi che mi ama".

Lui non ci abbandona mai, non si stanca mai di perdonare» (*Carcere di Regina Coeli, giovedì Santo, 29 marzo 2018).*

Varie volte Papa Francesco ha poi ricordato nei suoi scritti che, quando era arcivescovo di Buenos Aires, vedeva in fila davanti al carcere tante mamme che andavano a trovare un figlio detenuto, schivando la vergogna dei passanti. «Non smettono di amare il figlio, anche se hanno vergogna, ma vanno avanti» ha detto il Papa. «È più importante il figlio che la vergogna».

Ricordo qui che la «lavanda dei piedi» di papa Francesco ai detenuti di Regina Coeli il giovedì Santo del 2018 è avvenuta subito dopo il nostro incontro a pranzo in Vaticano insieme ad altri parroci romani!

Conclusione

In conclusione desidero chiedere a tutti coloro che mi hanno conosciuto in tanti anni di incontri di pregare per me perché il Signore apra, nel giorno della mia morte, quella «porta» come l'ha aperta per accogliere il Buon Ladrone che ha chiesto a Cristo morente di perdonarlo.

E Cristo gli ha risposto: «Oggi tu sarai con me in Paradiso».

È bello e commovente aver mantenuto i contatti con tanti giovani e le loro famiglie per circa cinquant'anni, giovani che ora sono padri di famiglia e anche nonni.

Proprio in questo periodo di pandemia alcuni di loro sono ricomparsi tramite telefono, email, e i *social*, molti che non sentivo da 20-25-30 e anche 40 anni e mi hanno inviato le foto con le loro famiglie e i nipotini.

È una rete meravigliosa in tutta Italia, una catena di amicizia che non si arrugginisce ed è sempre presente, limpida e gioiosa.

Come sarebbe bello formare oggi una grande catena di amicizia e amore tra tutti noi e a non guardarsi l'un l'altro con sospetto e diffidenza!

Ho ricevuto di recente da un giovane, che avevo conosciuto in carcere quasi 35 anni fa, una fotocopia della dedica che gli avevo scritto sulla Bibbia che gli avevo regalato allora, «la parola di Dio sia sempre la luce della tua vita», e lui ha aggiunto: «Questa Bibbia è rimasta sempre con me».

Ma questo lo posso dire anche di tanti giovani che andavo a trovare in casa, poi in ospedale e vedevo la Bibbia da me regalata

RINGRAZIAMENTI

Desidero ringraziare di vero cuore tutti coloro che ci hanno aiutato, sostenuto e incoraggiato nel nostro lavoro alla parrocchia e specialmente verso i più deboli, anche se alcuni di loro sono deceduti.

Siccome la storia è fatta di persone concrete con un nome e un cognome e nessuno di noi è una persona anonima, per quanto mi ricordo desidero fare alcuni nomi.

Don Roberto Russo, i miei Superiori dei Pallottini, la Diocesi di Westminster e di Southwark, specialmente il Card. George Basil Hume, il card. Murphy O'Connor, il card. Vincent Nichols, l'Arciv. Bernard Longley, ora a Birmingham, il Nunzio Apostolico Antonio Mennini, padre Andrea, padre Giuseppe e padre Riccardo, i padri Scalabriniani, Villa Scalabrini, la missione di Enfield, le suore di Madre Teresa, le suore Comboniane, le suore della Consolata, le suore di Maria Bambina, le suore Marcelline, le suore Elisabettine, i Club della Chiesa della Terza Età e dei Giovani, i vari gruppi della chiesa: il Social Club, Pallotti's Club, Youth Club, il Club dei Bambini, il Knitting Club, Gruppo di preghiera San Vincenzo Pallotti, Gruppo di Preghiera S. Padre Pio, le consorelle del Sacro Cuore, i confratelli del SS.mo Sacramento, il coro della chiesa, il coro dei giovani, il St Peter's Project, i Narcotici Anonimi, il Bazar di Natale, il Mini Olympic Games Team. E ringrazio tutti i parrocchiani per la loro pazienza e comprensione.

Ringrazio l'Ambasciata italiana a Londra, in modo particolare l'Ambasciatore Luigi Amaduzzi e la signora Giovanna, il Consolato Generale, la Migrantes.

Gli avvocati: John Zani, ora giudice, per aver preso a cuore i casi giudiziari di tanti giovani italiani, per me un amico e un fratello. Mario Addezio, Julian Attlee, Dante Leccacorvi, Dominic Pini, Dominic Sidoli, Luigi Sterlini, Giulio Teoli, Andrea Vitale, e i tre mitici fratelli Alessandro, Roberto e Giuseppe Gaglione per gli aiuti legali offerti alla comunità italiana.

Anna Giacon, instancabile e sempre presente, che ha fatto storia, e Filomena Shipman.

La professoressa Maria Chiaramonte, sempre presente sin dall'inizio e l'anima costante del nostro progetto.

I giornalisti della Rai Sandro Paternostro, Marco Varvello, Stefano Tura, Antonio Caprarica, Domenico Nunnari.

Maurizio Costanzo, che ha fatto conoscere il nostro lavoro attraverso i suoi numerosi programmi televisivi.

Paolo Filo Della Torre (*La Repubblica*).

Piero Damosso della Rai che mi ha sempre sostenuto nel mio lavoro.

Marco Roncalli.

Roberto Zoppi di Telepace, TelePadrePio, Unomattina, Rai1, Rai2, Rai 3 e i TG3 regionali, TV2000, Videolina.

Salvatore Mancuso (*L'Italiano*), Tommaso Brucculeri (*Londra Sera*), Wolfang Bucci e Sagida Syed (*Radio Londra*), Silvia Guzzetti (*Avvenire*).

Le giornaliste Maria Laura Franciosi, che fu la prima a raccontare in Italia il nostro lavoro alla Parrocchia di St Peter e la mia attività come cappellano nelle carceri di Londra quando era corrispondente presso la redazione dell'Agenzia ANSA a Londra negli anni '85-93. Maria Laura, che mi ha ora aiutato nel lavoro di ricerca e stesura di questo mio libro autobiografico, aveva anche collaborato con me alla raccolta di documenti per la compilazione e stesura completa dei miei due precedenti libri *Eravamo terroristi. Lettere dal carcere* (Edizioni Paoline, 1989) e *Dal carcere di Londra* (Edizioni Dehoniane, 1994, quest'ultimo portato alle stampe da don Strazzari).

Chiara Genisio, collaboratrice di varie testate tra cui l'agenzia *Giornali Diocesani del Piemonte* e l'*Agenzia Sir*, che ha scritto il libro *Un prete ribelle. La storia di Padre Carmelo Di Giovanni* (Edizioni Paoline, 2004), in cui ha raccontato la mia vita di parroco a Londra.

Maria Pia Bonanate, che ha incluso la mia storia nel suo libro *Preti*.

Ringrazio anche Lorenzo Losi, Lucia Bugitti e Pietro Molle dell'Enaip e del Patronato Acli.

I direttori di tante prigioni, gli assistenti sociali, i *probation officers*, gli ospedali, le comunità terapeutiche e di recupero, i centri di accoglienza, City Road, il Ministero dell'Interno britannico e il Ministero delle Migrazioni, la Charity Commission, SCODA, John Hedge.

Le Associazioni italiane Abruzzo-Molise, Arrotini, Alpini, Donne Italiane, Morfasso, Calabresi nel mondo, Campani nel mondo, Gropparello, Lucchesi nel mondo, Maestri del Lavoro, Narcotici Anonimi, Pellegrino Parmense, Trentini nel mondo, Trinacria, Valceno, Valtaro e tante altre.

Italian Hospital Fund, Fiat, Ditta Carnevale, Davide Serra con il suo grande e generoso aiuto finanziario, Lord Charles Forte, il figlio Rocco e Lady Aliai, Hugh Rossi deputato conservatore al tempo di Margaret Thatcher, Lady Maria Carmela Hambleden.

I ristoratori Teo Catino del Ristorante *Il Pagliaccio*, *Spaghetti House*, Angela Varchione del *Fornaio*.

Lo stuolo dei volontari a Londra: l'instancabile Onorina con la sua dolcezza e fermezza, sempre pronta ad aprire la porta ad ogni squillo di campanello, Maria Ferri, segretaria vigilante, Elena, Maria Giovanna, Caterina Cannas.

E poi Paola Alesi, Famiglia Annessa, Giovannella Armellini, Ascanio, Antonio Ascione, Vincenzo e Lina Avanzato, Alessandra e Fiorenza Badini, Pio e Vittoria Bartolozzi, Peter Bertoncini, Bill (con le pentole di cibo nel suo taxi), Sergio Bisei, Fabio e Diana Bortolotti, Alessandra Brauzzi, Pino Bravo, Arrigo, Albina Cacchioli, Roberto Cammisola, Roberto e Maria Cardinali, Carmine e Giovanni Carnevale, Marco Carnevale, Lidia Catalano, Giuseppe Cavaciuti, Michael Cavalli, Anna Cavedaschi, Marina Channing Pierce, Domenico Ciampa, Michael Coffey (anima del progetto St Peter's), Emma Cofone, Armo e Carla Collini, Ave Collini, Bruno e Adelina Conti, Armando Corsini, Giovanni e Massimo Costa, Giovanni e Paolo Costa, Tito e Rosa Cumbo, Lorenzo e Marina Cutolo, Mario e Maria D'Apice, Bruno Del Piano, Rosa De Sio, Dante e Adrian De Vito, Irene e Michele Di Genova, Giovanni e Maria di Iulio, Teodoro Di Nardo, Antonietta Di Paola, Caterina D'Onofrio, Maria Dispinsieri, Giuseppe Di Tano, D'Uva (di Slough), Giovanni Fabrizi, Famiglia Fantoni, Nicola Fattizzi, la famosa Femy, Sandra Ferdenzi, Salvatore Ferragamo, Anna Maria Ferrara, Wilma Ferrara, Paolo Ficchi, Franco Ficchi, Remo Finaldi, Gerardo Fragiacomo, Famiglia Franchi, Nick Franchini, John Fugaccia, John Fulgoni, Mario e Alfredo Gasparro, Giovanna Giacon, Giuseppe e Marinetta Giacon, Giuseppe e Giovanna Giannotto, Giuseppe ed Elvira Giordano, Silvio e Gemma Giovannelli, Lucia Giuntoli, Filippo e Silvia Gori, Giuliano Grasso, Famiglia Grossi, Luigi Guerra, Paola e Vincenzo Guzzo, Vittorio Heissel, Andrea Ibba, Roberto Inzani, Philip Inzani, Stefano Ispani, Maria Kendrick, Gino Lanni, Simone e Lina Lavarini, Salvatore e Virginia Lo Palco, Gianprimo Losi, Franco Lusardi, Irene Madaschi, Alberto e Luisa Malerba, Roberto e Dina Matteoda, Graziella McCarthy, Bruno Medici, Antonio e Graziella Meli, Aldo e Christina Melillo,

Donato Meola, Luigi Meola, Nunzia Messina, Bruno e Teresa Morena, Pasquale e Teresa Morena, Angelo e Teresa Morena, Maria e Jo Moretti, Raffaele Moscaritolo, Giovanni Nappo, Vincenzo e Natalizia, Salvatore Nicolosi, Maria e Luigi Nocivelli, Vincenzo e Luigina Palmiero, Don Angelo Palumbo, Silvana Paoli, Antonio e Mario Pappano, Luisella Pasquali, Sergio e Tina Pavarani, Paolo Pertica, Carmine e Anna Petrasso, Marcelo Petrone, Pino, Ada Pizzuto, Francesco Platoni, Giuseppe e Antonietta Pozzuto, Gaspare Principato, Elisa Provini-Walter, Roberto Putzulu, Bice Rabbini, Dino e Sylvia Rapacioli, Francesco Repetti, Freddy e Tina Rizzi, Rossella Rizzi, Bruno Roncarati, Ditta Rondanini, Ditta Salvo, Franco e Gina Santoro, Franco Sartini, Roberto Scalzo, Filippo Scalzo, Giuliana ed Ennio Sganzerla, Alfonso Scotti, Mario e Patrizia Sgambati, Maria Sibani, Filomena Sica, Angela Silva, Suor Fiorella e Suor Silvana, Raffaele Sistina, Pietro Smargiassi, Guglielmo Smith, Vittoria Soddu, Luca e Giorgia Stanca, Lionella e Antonio Stradiotti, Mariano Strappelli, Carmine Supino, Carlo e Rosa Tanzi, Paula Tolhurst, Modesto e Sandra Tondelli, Gianni e Isabella Tosini, Paolo Trainotti, Mariolina Vacca, Anna Vago, Angela Varani, Mauro Vignali, Violaine, Andreina Viscale, Nino Vitanza, Marcello Volante, Francesco e Pasqualina Vuoto, Vincenzo Zaccarini, Mario e Susanna Zeppetelli.

I cuochi Enzo e Ida Negri, Mauro Ongieri, Giovanni Paolucci, Pasquale e Geraldina, Primo e Pierina Rizzi-Negri, Mario Saccardi e Margherita.

Volontari e sostenitori in Italia: Luigi e Paola Aiale per gli innumerevoli trasporti in camion dall'Italia a Londra, Fiorella e Maurizio Roncoroni e Anna Pizzale di Verbania con i famosi camion di cibo che spedivano a Londra dal Piemonte.

Don Francesco Armenti, Arnaldo Atzori, Tosca e Ivano Bertolini, don Luca Biancafior, Enzo Bloise, don Silvano Brambilla, don Gaetano Canalella, Giorgio Capisani, don Pietro Cesena, Riccardo e Betty Cini, Paolo ed Emilietta Cossu, Nello e Anna Maria D'Antonio, Mario D'Arezzo, Silvano e Maria Di Giovanni, don Fortunato Di Noto, Marino Ermacora, mons. Salvatore Ferrandu, Pierluigi Ferrari, l'ex ministro Ferri, l'ex ministro Giovanni Maria Flick, Michele Gaeta, Francesco Gambin, Paola Ganzetti, Michele Grisante, don Marcello Lauritano, don Nicola Longobardo, don Emilio Manca, don Maurizio Manganelli, don Franco Manzo, Mauro e Antonella Mariani, Gabriele e Grazia Mariani, Gaetano Marinelli, Maurizio Marrone, Beniamino e Virginia Metastasio, fr. Nicola Monopoli, Maurizio Munzi, padre Salvatore Muriddu, Ernesto Olivero, Suore Pallottine, Marco e Isabella Pane, don Antonio Pappalardo, Loris e Marina Pasetto, Antonio Perchinunno, arcivescovo Giancarlo Perego, Giuliano Perrone, Giovanni Rezza, don Gino Rigoldi, Giancarlo e Anna Rimoldi, padre Luciano Segafreddo, Luciano e Rita Sgubini, Luciano Silingardi, Francesco e Maria Paola Soddu, Giuliana, il vescovo di Noto Antonio Staglianò, Felice e Maria Tagliente, Ines e Ermanno Valdisserri, la Pro Loco di Sangineto, i Cantaturi di Sangineto.

Nell'impossibilità di menzionare tutti coloro che hanno lavorato con me per 50 anni ringrazio tutti dal profondo del mio cuore.

Padre Carmelo Di Giovanni

sul loro comodino. Devo dire che sono tanti ad aver conservato la Bibbia donatagli da me nella cella di un carcere tanti anni prima.

Un altro, uscito dal carcere dopo vari anni, mi scrive: «Che possa risorgere davvero la speranza nei cuori e nelle menti di coloro che sono più afflitti perché uno spiraglio di luce è per tutti. Tanti auguri di Buona Pasqua 2020».

Un giovane che era in carcere a Londra molti anni fa per droga, qualche giorno fa mi invia una donazione di 315 €. Io lo ringrazio e lui mi scrive: «Non devi assolutamente ringraziarmi. L'ho fatto con molto piacere e soprattutto per il rispetto che ho per te e per il ricordo di quanto mi hai aiutato quando ne avevo veramente bisogno, saper di poter aiutare altri nella mia passata situazione mi può solo far piacere e spero di cuore di poterne fare ancora. Un bacione».

Ho consegnato i soldi al cappellano di Regina Coeli a Roma.

Il mondo per me è questo qui.

Indice